어릴 적 수학을 못해 어머니 속을 꽤 썩였던 아들이
그 한을 풀기 위해 수학 강사가 되었습니다.
어머니 장복민 여사님, 감사합니다.

부디 이런 한이 반복되지 않기를 바라며
이 땅의 모든 어머니들에게 이 책을 바칩니다.

수학 때문에 미쳐버릴 것 같은 엄마들에게

수학의 추월차선

김승태 지음

책이라는 신화
BOOK OF LEGEND

수학은
철저한 암기 과목입니다

안타깝습니다.

제가 하고 싶은 말의 첫마디입니다. 지금 우리나라는 수학에 대한 불안감을 일으켜 좋은 학생들마저 수포자의 길로 가게 만듭니다. 마음만 먹으면 학생들이 수학을 얼마든지 잘하도록 만들 수 있는데 말입니다. 마치 처음부터 수학에 대한 재능이 정해진 것처럼 낙인찍는 현실이 참으로 안타깝습니다.

우리 학생들이 교과 과정으로 배우는 수학은 어쩌면 진짜 수학이 아니라고 말하고 싶습니다. 지금의 평가 방법도 수학의 특성을 잘 살리는 것이 아니고요.

우리는 여기서 진지하게 접근해봐야 합니다. 학창 시절에 배우는 수학은 16세기에 등장한 옛 수학자들의 발자취입니다. 어찌 보면 수학의 역사 같은 것이지요. 역사는 사고하며 배우는 것이 아니라 있는 그대로 숙지하는 것입니다. 바로 여기에 해결책이 있습니다. 학생들이 배우는 수학은 그야말로 철저한 암기 과목입니다. 옛 수학자들이 만든 것을 그대로 답습하는 과정입니다. 따라 하기만 하면 되는 것이지요.

기존의 수학 공부법을 보며 안타까운 마음이 들었던 이유가 바로 이것입니다. 접근법 자체가 잘못되었습니다. 수학의 역사를 답습해야 마스터되는 공부인데 이해하거나 창의적으로 접근하려는 잘못된 방법들이 우리 아이들을 수포자의 길로 인도한 셈입니다.

분명히 말하지만 우리 아이들이 힘들어하는 수학은 현대 수학이 아닙니다. 교과 과정의 하나인 수학 그 이상도 이하도 아닙니다. 따라서 그 이상을 두려워해서는 안 됩니다. 누구나 바른 길을 따라가면 학생들마다 약간씩 시간의 차이는 있겠지만 모두 무사히 끝낼 수 있는 과정입니다.

제가 이 책을 집필한 이유가 바로 이것입니다. 시중에 무분별하게 돌아다니는 수학 학습에 대한 오류를 바로잡기 위해서입니다. 현대 수학과 학교 수학을 구분해야 합니다.

아이들을 힘들게 하는 것은 수학 자체가 주는 어려움보다는 수학 공부에 대해 미리 겁을 주는 사회 분위기와 이상한 학습법들입니다. 우리 학생들이 피리 부는 사나이를 따라가는 쥐가 되지 않게 하려고 진심을 담아 이 책을 집필했습니다.

제가 특목고와 자사고, 과학고 아이들과 인터뷰하면서 알게 된 사실은 그들은 시중에 나와 있는 수학 학습법을 보면서 콧방귀 뀐다는 것입니다. 아이들의 실제 학습과는 무관한 학습법이기 때문입니다. 어머님들의 입맛에 맞춰 그들의 불안감을 해소시키고 기대감을 만족시킬 뿐 사실상 아무런 도움도 되지 않습니다.

그래서 저는 정말 우리 아이들에게 어떻게 하면 도움을 줄 수 있을까 고민에 고민을 거듭하다가 진실을 담아 이 책을 내게 되었습니다. 부디 저의 진실한 외침과 무수한 밤을 수학과 씨름하며 보낸 아이들의 목소리를 들어주세요.

수학에 대한 해결책은 이 작은 책 한 권에 모두 담겨 있습니다. 우선 길은 정해져 있습니다. 그 길을 갈지 말지 정하는 건 여러분의 몫입니다. 만약 이미 출발했다면 중간에 힘들더라도 절대로 절대로 포기하지 마시길 바랍니다.

저자 김승태

수학 때문에
많이 울었던 민정이에게

민정아 안녕! 키가 작은 게 콤플렉스였지만 그럼에도 민정이는 항상 밝고 웃음이 많았지. 무엇보다 내가 너를 끝까지 지도하지 못해 많이 미안했단다. 바라는 대학은 가지 못했지만 간호사 생활은 잘하고 있겠지? 끝까지 수포자가 되지 않으려 애쓰던 모습과 언제나 수업이 끝나갈 무렵 힘겨워하던 모습이 선생님의 기억 속에 여전히 남아 있구나. 나도 이제 은퇴한 강사가 되었단다. 예전의 강사 생활을 되돌아보는데 그날의 일은 좀처럼 지워지지 않더구나.

그날 너는 내 수업을 듣다가 수업 내용이 잘 이해되지 않는다며 울면서 교실을 뛰쳐나갔단다. 너희 어머니와 나는 언성까지 높여가며 이 사태에 대해 이야기했지. 하지만 결국 너는 학원을 다른 곳으로 옮겼고 거기서도 수학을 이겨내지 못해 결국 수포자의 길로 갔더구나. 이제는 변명이 아닌 나의 솔직한 이야기를 이 지면을 빌려 말해주고 싶다.

너희 어머니는 민정이가 수학을 잘 이해할 때까지 설명해달라고 부탁하지 않았느냐면서 화를 내셨어. 이제는 사회생활에 어느 정도 적응해 깨달았는지 모르겠구나. 세상에는 이해되지 않는 부분이 훨씬 많다는 사실을…. 이 세상에는 수학이 이해해야 하는 과목이라는 사회적 통념이 만연되어 있단다. 하지만 이 이야기를 한번 뒤집어 생각해보자.

수학은 정말 이해의 영역일까? 나는 아니라고 본다. 이해는 재능과 관련 있지만, 규칙을 암기해 적용하는 것은 노력의 일환이지. 그날 네가 이해가 안 된다고 한 부분도 사실은 수학적 암기가 필요한 부분이었어. 어떻게 보면 네 잘못도 아니야. 우리 사회에는 "수학은 재밌어야 한다" "수학은 이해하는 과목이다" 등등 잘못된 수학 교육 철학이 만연해 있거든. 그래서 민정아, 그건 네가 어릴 적 수학을 잘못 배운 결과란다. 마케팅과 상술로 얼룩진 수학이 초등 시장과 중등 시장을 지배하고 있는 현실이 너무 안타까울 따름이다.

너와 네 어머니가 나와 처음 상담할 때 네가 어릴 적에는 수학을 참 잘하고 재미있어했다는 말이 기억나는구나. 수학을 재미나게 가르치던 공부방 선생님이 네가 고등학생이 되자 고등학교 수학은 가르치지 않는다고 했다며 나를 찾아왔지. 사실 나는 그 말을 듣고 불안감을 느꼈단다. 수학에 대한 잘못된 인식이 몸에 배어 지도하는 데 문제가 생길 것 같아 조마조마했지. 수학은 원래 재미없는 과목이야. 일단 그렇게 출발한 다음 어려움을 이겨내고 극복하는 재미와 보람을 느껴야 하거든.

너는 모든 것을 네 수준에 맞춰 이해시켜달라고 했지. 수학이 가진 비밀인데, 수학은 원래 이해하는 과목이 아니라 익숙해지는 과목이란다. 수학에 익숙해지려면 공부하는 사람이 노력해야 하지. 이해는 재능의 영역이라 자신의 머리를 탓하며 변명할 수 있는 여지가 있어. 그래서 사람들은 '이해'라는 안전한 울타리 뒤에 숨는 거야. 아직도 수학을 이해해야 한다고 생각하는 사람들이 많은 것이 현실이지만, 은퇴한 마당에 나의 소신을 밝히려고 이렇게 글을 쓴다.

제2의 민정이가 나오지 않게 하려고 내가 알고 있는 모든 것을 이 책에서 밝히려고 해. 우리 이제 지난 일은 풀고 앞으로 잘 지내길 바란다, 민정아.

차례

1부   수학 공부의 지름길

1장   수학, 왜 그렇게 공부시키세요?

2장 초등 수학을 위해 이것을 하셔야 합니다

3장 수학 1등급 비법, 모르면 손해입니다

4장 찐 수학 고수들은 이렇게 공부합니다

2부 수학 고득점을 위한 25계명

1부

수학 공부의 지름길

1장

＊

수학, 왜 그렇게 공부시키세요?

어머님,
수학 그렇게 배우면 큰일 나요!

　학원 원장 생활을 하면서 매번 심적으로 갈등합니다. 원생을 늘릴 것인가, 아니면 아이들을 올바르게 지도할 것인가? 저는 원장이면서도 수학자이기 때문에 항상 이 지점에서 늘 심적인 어려움을 겪습니다.

　오늘날 수학 교육은 중구난방입니다. 학부모들을 잘 끌어들이는 학원이 큰 성공을 거두고 있는 것이 현실입니다. 특히 최근에 갈수록 더 심해집니다. 왜일까요? 초등학교는 무시험이고 중학교는 두루뭉술하게 절대평가를 적용하기 때문이지요.

　그래서 초등 및 중등 수학 학원들이 제멋대로 부모님의 입맛에 또는 아이들의 입맛에 맞게 수학을 생산하고 있습니다. 수학도 아니고 교육도 아닌 것이 싹트고 있는 실정입니다. 신기루 같은 수학 교육이 '혁신 교육'이라는 이름으로 둔갑해 학교 앞 불량 식품처럼 팔리고 있습니다. 엄마들은 모릅니다. 그게 얼마나 무서운 결과를 가져올지 말이죠. 엄마들이 모르는 것은 당연합니다. 전문가가 아니니까요. 그냥 남들이 선택하는 것이 안전해 보입니다. 그것이 어디로 가는지 몰라도 말입니다. 아이들도 모릅니다. 불량 식품은 그냥 맛있을 뿐이지요.

저는 어떤 결과가 올지 알고 있지만 이미 큰 흐름이라 어찌할 도리가 없어 안타까울 따름입니다. 무서운 이야기지만 암이라는 것은 하루아침에 생기지 않습니다. 적어도 5년 이상 잘못된 식습관과 생활 습관에 따른 결과입니다.

수학을 연구하며 가르치는 저는 가짜 수학으로 돈을 벌면서 아이들에게 수학적 암을 일으키는 자들을 정말 혼내주고 싶습니다. 진짜 뻔뻔합니다. 아이들을 가르치는 것은 백년대계라고 하는데 그들은 일말의 양심이라도 있는 것일까요?

그들은 어쩔 수 없다손 치더라도, 그런 사람들을 제대로 알아보지 못하시는 학부모님들도 원망스럽습니다. 물론 학부모님은 자기들도 잘 몰라서 그랬다고 말합니다. 하지만 이제 잘 모르시면 안 됩니다. 요즘처럼 검색으로 모든 정보를 알 수 있는 세상에서는 변명에 지나지 않거든요. 어머님이 아이와 타협하거나 학원 마케팅에 속아서 그저 보고 싶은 것만 보고 듣고 싶은 것만 듣는 확증 편향의 결과일 뿐입니다. 맹모삼천지교라는 말이 있듯이, 어머님의 발품이 내 자식의 미래를 결정지을 수 있습니다. 이제 진정한 수학 교육에 관한 이야기를 시작하고자 합니다.

S 초등학교와 중학교 때 생긴 잘못된 수학에 대한 인식과 태도가 결국 고등학생이 되었을 때 돌이킬 수 없는 결과로 나타나고 있습니다. 최근 들어 수포자가 급증하는 현상이 바로 그 결과입니다.

제발 아이의
입맞에 맞추지 마세요

　그날은 보슬비가 내렸습니다. 신경성 짜증이 있는 저에게는 최악의 날씨였습니다. 오늘도 지선이와 사투에 가까운 개인 수업 중입니다. 고등학교 1학년인 지선이는 초등, 중등의 자유로운 수업에 길들여져 있어 가르치는 데 상당히 까다롭습니다.

　예민한 아이들은 수학은 100% 완전히 이해하고 다음 단계로 넘어가야 한다고 생각합니다. 그런데 말입니다. 100% 이해해야 한다면 절대 다음 단계로 넘어갈 수 없습니다. 부부의 마음도 100% 이해하기 어려운데 말도 안 통하는 수학을 100% 이해한다는 것은 현실적으로 불가능합니다. 인생도 살아가면서 알게 되듯이 수학도 배워가면서 알게 되는 것입니다.

　수학적 이해력은 일상생활 속에서 사용하는 문학적 이해력과는 다릅니다. 아이들은 물론 엄마들도, 때로는 수업을 하는 교사들도 이 개념을 헷갈려 합니다. 이 개념을 모르는 사람들에게는 수학이 당연히 어려울 수밖에 없지요. 전문가들도 잘 모르니 오죽하겠습니까.

저는 지선이에게 화를 냈습니다. 저에게는 분명한 명분이 있었습니다. 단순한 지수법칙은 이해하려 하지 말고 익숙해지라고 말했는데 지선이는 왜 그렇게 되는지 이해가 되지 않는다고 했습니다. 고집을 피운 것입니다. 수학자의 시선에서 보았습니다. 후회스럽지만 나의 철학이 잘못된 것은 아닙니다.

그래서 저는 전교 1등을 하는 여학생을 불러 이게 왜 이렇게 되는지 설명해보라고 했습니다. 그러자 그 학생은 "그냥 외웠는데요"라고 대답했지요. 단순한 내용은 그냥 가면 됩니다. 중학생을 가르치는 강사들의 장난질이 이런 결과를 낳았습니다. 수학은 철저히 이해해야 한다는 말도 안 되는 소리에 오염된 결과입니다. 지선아, 제발 그건 아니라고!

얼마 후, 지선이 어머니에게서 전화가 왔습니다. "원장님, 제가 지선이를 맡길 때 우리 아이는 이해력이 떨어진다고 그렇게 말씀드렸는데… 그런데 친구들 앞에서 모욕까지 주셨나요?"

저 역시 화가 났습니다. 모욕을 주려고 한 것이 아니라 제 말이 틀렸다고 우겨대는 지선이에게 다른 아이들의 생각을 보여 주려고 한 것입니다. 말 많은 어른들은 이것을 꼬투리 잡을 수 있겠지만 저도 무척 답답했습니다. 그건 아이의 이해력 문제가 아니라 어른들의 잘못된 가르침의 결과라고요. 모든 수학을 다 이해하려는 태도는 수학을 제대로 알아가는 자세가 아닙니다. 저는 수학 강사지만 수학자이기도 합니다.

학창 시절에는 스승의 가르침을 배우는 것이지 자신에게 맞는 것을 배우는 게 아닙니다. 자기 위주의 배움으로 과연 성장이 가능할까요? 또한 수학이라는 과목은 아이들의 입맛에 맞게 변화하는 그런 과목이 아닙니다. 수학은 변하지 않습니다. 학생 자신을 성장시키면서 정복해야 하는 과목이 바로 수학입니다.

아이의 입맛에 너무 맞추려는 어머니들의 쉬운 선택이 지선이 같은 아이를 만든 것입니다. 이런 학생들이 증가하는 이유와 수포자가 늘어나는 이유는 무관하지 않습니다, 교육은 때로는 엄격해야 합니다. 그게 바로 교육이기 때문이지요. 아이들은 아직 다 성장한 것이 아닙니다. 때로는 고통이 필요합니다. 아이들의 입맛에 맞다고 단것만 떠먹이려 하지 마세요. 초등학교와 중학교에서 길들여진 잘못된 학습 태도가 고등학생이 되면 반드시 돌이킬 수 없는 결과를 초래합니다.

결국 지선이는 학원을 떠났고 다른 학원에서 잘 적응해 생활했지만, 자신이 바라던 대학은 가지 못했습니다.

S 성장에는 고통이 필요합니다. 내 입맛에 맞는 교육이 나를 성장시키는 것은 아닙니다.

재미만 추구하다가
결국 수포자가 됩니다

어설픈 학원 광고지를 보면 수학을 재미나게 가르친다는 문구들이 간간이 보입니다. 재미나게 수학을 배우면 나중에 수학에 흥미를 잃지 않는다? 그냥 듣기 좋은 말일 뿐입니다. 결코 패배자들의 말을 듣지 마세요. 성공한 사람들의 조언을 들어야 합니다.

서울대를 간 학생들에게 수학을 즐겁게 공부했는지 한번 물어보세요. 전교 1등이라도 수학 공부는 힘겹습니다. 공부 자체가 결코 쉬운 일이 아니니까요.

특히 수학을 재미로 접근하다가 나중에 어려워지면 바로 수포자의 대열에 들어서게 됩니다. 현재 사교육의 문제는 이런 접근법을 가진 학원들이 우후죽순 늘어난다는 것입니다. 사교육 자체가 문제가 아니라 쉬운 길을 강조하는 마케팅이 문제입니다.

쉬운 길만 가다 보면 언젠가 필연적으로 마지막에는 고난의 길을 걷게 됩니다. 수학을 재미있게 배울 수 있다는 말은 다 거짓말입니다. 수학은 치열한 과목입니다. 수학의 어떤 영역도 재미난 부분은 없습니다.

단지 수학의 목표를 설정하고 그것이 달성되었을 때 아이들은 비로소 성취감을 느낍니다. 그것이 바로 수학의 즐거움입니다. 어려운 과정을 극복했을 때 느끼는 성취감이 바로 수학의 즐거움입니다. 수학의 즐거움은 그것밖에 없습니다. 나머지 즐거움은 모두 거짓입니다.

수학의 껍질에 즐거움을 입히는 작업은 모두 허상입니다. 대입 수학이 목표라면 다 소용없는 일입니다. 이런 것을 선전하는 이들은 돈도 뺏고 아이의 미래도 뺏는 자들입니다.

수학을 잘하려면 문해력이 중요하다는 말도 하는데 이 역시 과장된 이야기입니다. 언어적 문해력과 수학의 문해력은 태생 자체 다르기 때문입니다. 수학은 과학을 이해하기 위한 언어라고 볼 수 있습니다. 수학이라는 언어에는 정서라는 개념이 없습니다. 수학적 언어의 특징은 규칙 준수이므로 전혀 다르다는 사실을 알아야 합니다.

수학적 문해력은 개념에 대한 수학적 판단을 토대로 이루어진 것입니다. 개념적 이해는 언어적 이해와 다르다는 사실을 반드시 알아야 합니다.

예를 들어, '집합'이란 단어도 언어에서는 모임이라고 두루뭉술하게 말할 수 있지만, 수학에서 '집합'은 그 기준이 확실한 모임을 말합니다. 기준이라는 것도 수학적 기준을 만족해야 합니다. 이처럼 태생부터 다른 수학에 언어·정서적 이해로 접근하지 마세요. 제가 강조하는 내용은 이런 것입니다.

개념을 이해하려는 학생들의 마음을 깊이 들여다보면 감성적으로 납득하려는 경향이 있는데 그런 것이 아닙니다. 그냥 익숙해지라는 것이 바로 이런 까닭에서 하는 말입니다. 감동이나 정서가 있는 개념들이 아니기 때문이지요. 구조를 아는 것이 좀 더 편한 접근법이 될 것입니다. 이것이 수학은 암기라고 주장하는 이유이기도 하지요.

📖 언어적 이해로 수학의 오류를 일으키느니 차라리 익숙해질 때까지 암기하세요.

수학에서는
재능을 무시하지 못한다고요?

그렇습니다. 수학에서는 재능을 무시할 수 없습니다. 분명 수학의 천재들이 있습니다. 하지만 실망하실 필요는 없습니다. 그건 어디까지나 수학자들의 이야기입니다.

우리가 노리는 수학은 대학 입시 수학입니다. 입시 수학에는 꼭 천재적인 두뇌가 필요한 것이 아닙니다. 학교 수학이나 입시 수학은 천재적 두뇌가 아니라 천재적 끈기가 필요합니다. 그렇다고 학교 수학을 결코 만만하게 봐서는 안 됩니다. 타 과목에 비해 절대적인 시간이 필요한 과목이니까요.

가혹하게 들리겠지만 수학 공부에 성공한 친구들의 일일 평균 학습 시간을 말씀드리겠습니다. 초등학생일 때는 하루 2시간이고, 중학생일 때는 하루 4시간입니다. 고등학생이 되면 거의 6시간을 할애하는 친구들도 많습니다. 아니면 이보다 하루 한 시간씩 줄이되 방학 때 올인하는 학생도 있습니다.

이 정도로 공부하지 않으면 사실상 학교 수학을 정복하기는 어렵습니다. 월드 클래스 운동선수의 운동량이 보통 운동선수의 운동량보다 훨씬 많다는 사실을 보면 충분히 이해가 될 것입니다.

르네상스 시대의 천재로 일컬어지는 레오나르도 다빈치는 이런 말을 했습니다. "내가 하는 노력의 양을 보면 아무도 나를 천재라고 말하지 못할 것이다." 수학을 잘하는 친구들을 부러워하지 말고 그들이 수학 공부에 투자하는 노력의 양을 꼭 보세요.

수학 잘하는 친구들이 수학에 투자하는 공부량은 아마도 수포자들의 공부량에 비하면 100배 이상은 될 것입니다. 감히 말하지만 저는 수포자를 동정하지 않습니다. 그들은 결코 머리가 나빠서 그렇게 된 것이 아니기 때문입니다. 가슴에 손을 얹고 생각해보세요. 하루에 몇 시간이나 수학을 공부하는지 말입니다. 그냥 찔끔 공부하다가 막히면 거기서 중단하지 않았나요?

수학 잘하는 친구들도 처음부터 술술 풀지 못했을 것입니다. 막히면 뚫고 또 막히면 뚫고 그 어려운 과정을 거치면서 절대 그만두지 않았습니다. 새벽까지 눈물을 흘리며 이겨냈습니다. 단지 여러분들이 그것을 보지 못했을 뿐입니다.

수포자들은 성공한 사람들의 결과만 봤지 그들이 하얗게 밤을 새워가며 공부하는 장면을 본 적이 있나요? 저도 새벽까지 울면서 공부한 경험이 있습니다. 주변에 수학 잘하는 학생들에게 물어보니 그들도 마찬가지였습니다.

힘겹게 배우지 않고 이루어진다고 믿는 것은 수포자들의 오해입니다. 수능 수학의 킬러 문제를 확인해보세요. 해외 대학 수학과 교수들도 우리나라 수능 수학 문제를 보면 어리둥절합니다. 그런데도 우리 학생들은 해냅니다. 머리가 좋아서 해낸 것 같나요? 아닙니다. 수능의 킬러 문제도 족보와 유형이 있습니다. 한 문제 한 문제 풀이까지 되새기면서 응용력을 키운 것입니다. 정말 하루 만에 이룬 결과가 아닙니다.

🎓 우리는 수포자들에게 너무 관대합니다. 내 아이에게만은 절대 관대해지지 마세요. 분명히 할 수 있습니다. 부모님들이 마음을 모질게 먹어야 합니다. 수학만큼은 결코 관대해지지 마세요. 맹모삼천지교의 마음으로 우리 아이의 노력에 힘을 보태주세요. 다시 한번 강조하지만 수학의 재능은 학교 수학에서 별 영향력이 없습니다.

내 아이가
천재라고 생각하는 어머님들

어릴 적 아이가 숫자를 빨리 깨우치면 수학의 천재라고 생각하는 어머님들이 있습니다. 맞습니다. 내 아이는 분명 수학의 천재가 맞습니다. 그러다가 학교에 입학하고 시험 점수를 받으면 내 아이는 수학머리가 없다고 생각합니다.

아닙니다. 내 아이는 분명 수학의 천재가 맞습니다. 그런데 하나 물어볼게요. 천재라고 해서 어떠한 고난도 없이 술술 잘해나갈까요?

역사상 모든 천재들이 처음부터 술술 잘했던 것은 아닙니다. 음악의 천재 역시 궁정 악사 출신 아버지의 혹독한 훈련으로 탄생했습니다. 4살 때부터 아버지는 회초리를 들고 엄격하게 모든 대위법에 관한 악보를 외우게 했습니다. 약간의 실수도 용납하지 않았습니다. 매가 남아나지 않을 정도로 혹독하게 훈련시켰습니다. 그렇게 탄생한 음악의 천재가 바로 모차르트입니다.

잘 생각해보세요. 우리 아이들이 수포자가 되는 시기가 언제인지 아십니까? 어머니가 우리 아이에 대한 기대를 접기 시작한 순간부터입니다. 모차르트를 천재로 만든 것은 아버지입니다. 탄생한 것이 아니라 '만든' 것이라는 사실에 주목해야 합니다.

그렇다고 어머님들이 우리 아이를 직접 가르치라는 말은 아닙니다. 찾아보면 얼마든지 좋은 정보들이 넘쳐납니다. 이런저런 시도를 하다가 지치지 마세요. 내가 지치면 우리 아이는 결국 수포자가 됩니다. 수포자는 바라는 대학을 갈 수 없습니다. 공부가 세상의 전부는 아니다, 수학은 세상에 나가면 쓸데없다는 말은 모두 패배자들의 변명에 지나지 않습니다.

왜 아이들에게만 강조합니까? 어머님이 포기하지 않으면 결코 내 아이는 수포자가 되지 않습니다. 아이와 한 팀이 되어 뛰어보세요. 끝이 없는 것이 아닙니다. 학창 시절은 고달파도 반드시 끝이 있습니다. 알차게 내 아이와 한 팀이 되어 뛰면 됩니다.

내 아이와 한 팀을 이루는 것이 인생에서 얼마나 알찬 시간인지 나중에 알게 될 것입니다. 무엇과도 바꿀 수 없는 소중한 시간입니다.

S 기억하세요, 내 아이가 수포자의 길로 접어드는 순간과 내가 아이에 대한 기대가 사라지는 순간은 일치한다는 사실을!

외골수 천재의
치명적인 약점

　선호는 중학교 때 아버지를 따라 일본에서 살다가 돌아와 특목고에 입학한 학생입니다. 우리와는 약간 다른 환경에서 수학을 공부한 터라 조금 곤란한 부분도 있었습니다. 하지만 선호 어머니는 일본에 있을 때 미리 정보를 알아내 우리나라 중학 수학 과정을 방학 특강으로 마스터하고 한국에 들어왔습니다.

　선호는 수학머리가 있다기보다는 두뇌 회전이 빠른 학생이었습니다. 너무 깊게 생각하는 경향이 있지만 결국 바른 결론에 도달했지요. 선호가 진학한 고등학교는 수학 시험 문제가 엄청 어렵기로 소문이 자자했습니다. 학교 선생님은 다양한 문제의 족보를 가지고 있었습니다. 학생들을 괴롭히기에는 충분한 것이었지요.

　하지만 선호 역시 수학에 대한 열정이 남다른 아이였습니다. 자신이 이해될 때까지 끝까지 붙들려고 했습니다. 간혹 초반의 쉬운 문제를 너무 깊이 생각하느라 많은 시간을 할애한 탓에 전체 시간 배분에 실패하는 경우도 있었습니다.

혼자 외골수로 공부하는 스타일의 학생들이 이런 함정에 잘 빠집니다. 쉬운 문제는 쉽게 접근하는 것도 하나의 요령인데 말입니다. 권투 시합에서 무조건 세게만 친다고 상대가 쓰러지는 것은 아닙니다. 강하게 치기도 하고 때로는 약하게 치기도 하면서 강약조절을 해야 성과를 낼 수 있습니다. 수학 시험도 문제별로 난이도가 다르게 출제되는데, 외골수 성향의 선호는 처음부터 완벽하게 들이댔습니다.

이 아이를 가르치면서 몇 번의 실랑이가 있었지만 어머니의 부탁도 있고 해서 제가 물러서야 했습니다. 약간의 걱정을 뒤로한 채 말입니다.

선호의 천재성은 학교 선생님도 느끼고 있었습니다. 그런데 성적의 기복이 심한 걸 보시고 "선호야, 너무 깊게 생각하는 버릇이 방해가 되는 경우가 있어. 좀 고쳐볼래?"라고 조언했지만 선호의 고집은 꺾을 수 없었습니다. 이런 경우는 부모님의 도움이 필요한데 어릴 적부터 천재 기질을 보였기에 어머니는 선호의 성향을 굳이 바꾸려고 하지 않았습니다.

가르치는 저 역시 조금 힘들었습니다. 자신이 스스로 이해될 때까지 진도를 나가지 않고 붙잡고만 있었습니다. 그렇게 중요한 부분도 아닌데 말이죠. 모든 문제에 그렇게 많은 시간을 투여해서는 안 됩니다. 문제마다 난이도가 다르게 배치되기 때문이지요.

　선호의 성적은 1등급에서 3등급까지 오르락내리락합니다. 이제 고3이 된 선호에게 제가 개입하지 않으면 안 되겠다고 생각했습니다. 그래서 난이도별 문제 풀이 전략을 가르쳤습니다. 그러자 아니나 다를까 선호와 마찰이 생겼습니다. 그렇게 한 달이 지나고 선호는 학원을 그만두었습니다. 안타깝게도 선호는 수능 수학에서 3등급을 받게 됩니다. 처음부터 너무 어렵게만 접근한 것이 패인이었지요.

🎓 수학 시험에서 쉬운 유형은 쉽게 접근하고 어려운 문제는 깊이 있게 접근하는 연습도 필요합니다. 다시 말해, 문제를 파악하는 능력을 키워야 한다는 것입니다. 적을 알고 나를 알아야 백전백승합니다.

수학의 기본은
초등 수학이라고요?

 누가 이런 말도 안 되는 소리를 하나요? 초등 수학에서 한번 밀리면 끝까지 밀린다고요? 전혀 그렇지 않습니다. 초등 수학은 학습 태도를 만드는 역할을 할 뿐 그 이상도 그 이하도 아닙니다.

 옛날에 초등 과정은 '수학'이라고 부르지 않았습니다. 그냥 '산수'라고 불렀지요. 사실 산수는 수학을 위한 기초 도구일 뿐입니다. 문학을 위해 언어가 필요하듯이 말입니다. 저는 사교육비를 부추긴 것은 초등 수학에 대한 과잉 반응이라고 생각합니다.

 학창 시절에 수학을 잘했던 학부모님이 계시다면 한번 생각해보세요. 자신의 수학 실력에 초등 수학의 비중이 얼마나 차지했나요? 아마도 초등학생 때 이미 중학 수학에 매진한 기억이 있을 겁니다.

사실 수학이라고 부를 만한 것은 중학 수학부터입니다. 그것은 대수의 등장과 맞물려 있습니다. x를 사용하지 않고 네모를 사용하는 초등 수학을 과연 수학이라고 부를 수 있을까요? 교육의 선진화 작업으로 산수에 수학이라는 이름을 붙였을 뿐입니다. 그렇다고 초등 수학을 무시하는 것은 아닙니다. 초등 수학은 확고부동한 기초가 됩니다. 언어를 모르고 문학을 할 수 없듯이 말입니다.

제가 이런 이야기를 하는 것은 초등 수학에서 좀 밀린다고 자녀를 닦달하지 말라는 뜻입니다. 공부는 마라톤입니다. 단거리 경주가 아닙니다. 초등 수학은 깊이 있는 사고력을 공부하는 시기가 아닙니다. 정확하고 빠른 계산력을 키우는 시기입니다.

문해력, 문해력 하는데 초등 수학에서 문해력은 시기상조입니다. 앞서 말했지만 수학적 문해력은 언어적 문해력과는 질적으로 전혀 다릅니다. 국어를 잘하는 아이가 수학도 잘한다고 말합니다. 노력하는 아이가 수학도 잘하는 것이지 국어 실력이 수학과 관련있다는 말은 사실이 아닙니다.

그러므로 초등학생 시기에는 빠른 계산에 중점을 두시고, 요상한 문장형 문제로 아이들을 괴롭히지 마세요. 요즘 시중에 나오는 문장형 수학 문제는 오류가 많습니다. 스토리텔링 수학이라는 근본 없는 수학으로 너무 오염되어 있습니다.

특목고를 진학하거나 1등급을 받은 학생들의 연습 과정을 보면 알 수 있듯이, 초등학교 시기에는 빠른 계산과 틀리지 않는 연습을 충분히 시켜야 합니다. 그리고 중등 수학의 맛을 서서히 느끼게 해야 합니다. 중등 수학의 선행은 꼭 수학 교과서로 하시길 추천합니다.

🎓 공부 좀 하는 초등학생은 《수학의 정석》을 풀기도 합니다. 저 역시 공부 잘하는 초등학생들에게는 《수학의 정석》을 풀게 했습니다. 아이들은 수학 내용을 스펀지처럼 빨아들입니다. 오히려 잘 모르고 접근하면 더 잘하는 경우도 있습니다. 아이들은 수학을 언어적으로 이해하는 것이 아니라 구조적으로 접근합니다.

메타 인지 능력에 관한 오해들

메타 인지 능력에 관한 오해들이 있습니다. 우선 학습 속도가 빠른 아이가 똑똑하다는 오해입니다. 무언가 빨리 익힌다는 것은 어쩌면 대단한 능력처럼 보이기도 합니다. 하지만 속도를 추구하다 보면, 특히 어릴 때 그런 경향을 지니게 되면 수학 학습에는 오히려 마이너스로 작용하기도 합니다.

수학이라는 과목의 특성상 계산력만 중시하는 것이 아니기 때문입니다. 어찌 보면 빠른 계산력을 지닌 아이들 중 습관적으로 잦은 실수를 하는 경향이 있습니다. 이는 오히려 메타 인지 학습에 반하는 것입니다.

습관적인 속도에만 집중하면 비슷한 문제를 마주할 때 기계적으로 풀게 되는 경향이 생깁니다. 유사하지만 다른 문제를 읽는 세밀함을 놓치는 것이지요. 아이들이 자주 하는 실수 중 하나입니다. 또 문제를 제대로 읽지 않고 기억에 의지해 풀려는 성향이 생깁니다. 이것이 습관이 되면 고치기가 매우 힘듭니다. 무의식이 의식을 압도하는 상태가 되니까요.

또 하나의 실수는 가르치는 이들에게도 나타날 수 있습니다. 자신이 그동안 접한 지식을 뭉뚱그려 적용하는 실수입니다. 아이는 세세한 변화를 겪고 있지만 가르치는 사람이 이 변화를 감지하지 못해 메타 인지의 잘못을 범하는 경우입니다. 아이들의 변화를 잘 짐작하지 못하면 변화를 줄 때 실수할 수 있습니다.

지식과 경험이 풍부하다고 해서 메타 인지 능력이 높다고 할 수 없습니다. 메타 인지 능력을 높이려면 수시로 자기 점검이 필요합니다. 전문가의 과신으로 아이들의 변화된 학습 환경을 제대로 인지하지 못하는 경우 메타 인지 학습을 이끌어낼 수 없습니다. 한 분야에서 오래된 전문가들이 빠지는 함정입니다. 자신의 옛 경험으로 현재의 아이들에게 강요하는 것은 바람직하지 못합니다.

S 아이들에게 직접 메타 인지 학습의 효과를 느끼게 하는 방법이 있습니다. 자신이 배운 것을 친구들을 직접 가르쳐보게 하는 것입니다. 가르치는 과정에서 자신의 문제점을 발견하는 것이 바로 메타 인지 학습 효과입니다. 내가 어떤 점이 부족한지는 가르쳐보면 알게 됩니다. 가르침을 받는 아이가 물어보는 질문에 정확한 대답을 하지 못하면 자신에게 무엇이 부족한지 느끼게 됩니다.

수학에 관한
나쁜 고정관념들

　여학생들이 수학이 약하다는 고정관념이 있습니다. 요즘은 그런 고정관념이 차츰 깨지기 시작했습니다. 지금 전교 1등부터 10등까지 여학생들이 얼마나 많은지 한번 보세요. 수학 성적도 여학생들이 월등히 우수합니다. 이 말인즉슨 수학은 수학머리와 아무런 관계가 없다는 뜻이기도 합니다. 왜 우리 아이들을 잘못된 고정관념의 희생양으로 만들려 하는지 모르겠습니다. 수학은 못하는 것이 아니라 그냥 안 하는 것입니다.

　여학생들은 도형에 약하다는 말 역시 잘못된 고정관념입니다. 패션 감각을 보세요. 여학생들이 월등하지 않습니까? 패션은 어떻게 보면 수학의 도형과도 긴밀히 연관되어 있습니다.

　그런데 왜 이런 고정관념들이 생기는 것일까요? 뇌의 핑계거리가 문제입니다. 뇌는 어떠한 것을 한번 범주화시키면 깊이 생각하지 않으려고 합니다. 우리는 뇌의 잔꾀에 속아 넘어가서는 안 됩니다. 예전에는 수학을 못한다는 고정관념 때문에 많은 여학생들이 대학을 나와도 별 도움이 되지 않는 과로 진학하는 현상이 생겼습니다.

문과머리나 이과머리라는 말도 고정관념입니다. 우리의 뇌는 그렇게 이분법적으로 나눌 만큼 단순하지 않습니다. "저는 원래 수학을 못하는 사람입니다"라는 말은 "저는 원래 생각하기 싫어서 포기가 빠른 사람입니다"라는 말과 같습니다.

앞에서도 말했듯이 수학 전국 1등도 수학 공부를 아주 힘들어합니다. 자신이 진짜 수학머리가 있는지 없는지 확인하는 정확한 방법을 알려 드릴게요. 딱 한 달간 하루에 12시간씩 수학 공부를 해보세요. 그러고도 수학 성적이 오르지 않으면 분명 수학머리가 없는 사람이 맞습니다.

Ⓢ 참고로 정말 이런 분이 계시면 수학머리만 없는 것이 아니라 다른 머리도 없을 것입니다. 내 아이는 수학머리가 없다는 고정관념에 속지 마세요.

학부모의 수학 불안감은
자녀에게 그대로 전염됩니다

내 아이가 수포자가 되면 어쩌나 하는 학부모의 불안감은 자녀에게 그대로 전달됩니다. 자녀의 수학 실력은 학부모의 믿음으로부터 만들어집니다. 내 아이가 다른 아이보다 수학을 못하면 어머님들은 엄청 불안감을 보입니다. 아이들은 이런 부모님의 영향을 그대로 받아들이고요.

자녀가 초등학생이라면 결코 불안감을 보이지 마세요. 초등학교 시기에는 성적의 기복이 반드시 나쁜 영향만 끼치는 것이 아닙니다. 수학에 대한 불안감을 이기는 길은 실패와 실수를 통해 수학 공부에 무뎌지는 것입니다.

실패와 실수를 많이 할수록, 그래서 수학 공부에 무뎌질수록 아이의 수학은 발전할 가능성이 훨씬 높아집니다. 실패하거나 실수

해도 다시 도전하는 힘, 그것이 바로 수학 천재가 되는 길입니다. 수학 공부에 타고난 천재는 없습니다. 수학은 반드시 시행착오를 거치면서 완성되어가는 과목입니다. 수학을 계단식 과목이라고 부르는 이유이기도 하지요. 주변에 수학을 잘하는 아이가 있다면 그 아이는 분명히 시행착오의 과정을 거쳤을 것입니다.

수학은 창의적인 예술이 아니기 때문에 갑자기 완성되는 과목이 아닙니다. 수학 천재는 만들어지는 것이지 타고나는 것이 아닙니다. 필즈상을 받은 수학자라고 해도 예외는 아닙니다. 페르마의 마지막 정리를 증명해낸 수학자 앤드루 와일스 역시 10년 이상을 한 문제에 매달려 마침내 해결해냈습니다. 10년 동안 한 문제를 해결한 사람을 과연 천재라고 부를 수 있을까요?

우리 아이에게 필요한 것은 실패를 두려워하지 않는 용기입니다. 용기를 갖기 위해 스스로 학습 동기를 부여할 수 있도록 이끌어주세요. 다른 아이들보다 좀 뒤쳐진다고, 실수가 많다고 너무 불안해하지 마세요. 다들 그렇게 달려갑니다. 다만 결코 포기해서는 안 됩니다. 고난을 끝까지 이겨내는 길이 바로 수학 천재의 길입니다.

🎓 수학 천재는 재능이 아니라 끈기에서 비롯됩니다. 그러니 너무 불안해하지 마세요.

초등 수학,
왜 그렇게 서두르나요?

초등 수학이 중요하지 않다는 말이 아닙니다. 하지만 너무 급하게 서두르지는 마세요. 시간적인 여유가 충분하니까요. 초등 수학은 중학 수학을 받쳐주는 역할만 할 뿐입니다. 튼튼하게 받쳐주는 정도로 충분한데 왜 그렇게 색깔을 화려하게 칠하고 있는지 모르겠습니다.

저는 옛날에 초등 수학 문제집을 얼마간 집필하다가 이후 고등부 수업을 계속 진행했습니다. 마침 강남에서 후배가 학원을 열었다고 해서 놀러 갔는데 초등 수학 서술형 문제나 사고력 문제 같은 것들이 수능 수학 킬러 문제 수준인 것을 보고 깜짝 놀랐습니다. 초등 수학의 사교육 시장이 이렇게 비대해질 줄이야! 비만 중에서도 초고도 비만 상태입니다. 비만과 스트레스는 만병의 근원입니다.

초등 수학이 비대해지면서 아이러니하게 초등학생 중에서도 수포자가 나오기 시작했습니다. 이건 말도 안 되는 상황입니다.

초등 수학은 중학 수학을 받쳐주는 역할 그 이상도 이하도 아닙니다. 그런데 지금의 현실은 어떻습니까? 초등 수학이 따로 놀고 있습니다. 근본 없는 초등 수학들이 탄생하면서 학부모들의 돈을 갈취하고 있는 상황이지요. 돈만 갈취하면 그나마 다행입니다. 우리 아이의 장래가 달려 있는 교육의 전망도 불투명하게 만들고 있습니다.

그렇게 아이들을 빨리 달리게 만들어 수포자의 길로 밀어 넣으니 속이 후련합니까? 이제는 창의 수학이나 교구 수학을 허상이라고 느껴, 의대 반을 만들어 초등학생에게도 고난도 고등 수학을 공부시킨다고 하더군요. 그래도 이상한 근본 없는 수학보다는 그나마 나아 보이네요. 한때는 스토리텔링 수학이니 뭐니 하면서 교육부까지 덩달아 춤을 추며 동화 작가를 수학 교과서 집필에 붙이는 사례까지 있었다고 합니다.

왜 초등 수학에서 사교육 몸집이 커질까요? 그건 초등 수학 시장에 진정한 초등 수학 전문가가 탄탄하지 않기 때문입니다. 그러니 두서없는 돌연변이 수학이 생겨나는 것입니다. 그러다가 고등학생이 되면서, 아니 중학생만 되어도 아이들은 힘없이 무너지는 것을 실감하게 되지요. 하지만 이미 때는 늦었습니다.

초등 수학의 비전문가들이 이런 상황을 만들었다고 해도 과언이 아닙니다. 이들은 나쁜 의도를 가지고 있거나 스스로도 무엇이 잘못되었는지 모르는 사람들입니다.

 다시 한번 강조합니다. 초등 수학을 이상한 장난감이나 공상적인 수학으로 만들지 마세요. 그냥 예전의 과정을 충실히 하면 그것으로 충분합니다. 부족하다고 생각되면 좀 더 반복하세요.

2장

*

초등 수학을 위해 이것을 하셔야 합니다

수학만큼은
조기교육을 시켜야 합니다

　내 아이는 소중합니다. 모든 부모님이 같은 생각일 것입니다. 하지만 소중한 아이를 위해 현명한 교육을 선택하는 부모님은 드물다는 게 문제입니다. 특히 수학 교육은 더욱더 그렇습니다.

　교육의 본질이니 수학의 본질이니 운운하는 것은 모든 게 다 지나가고 난 다음 나열하는 변명에 불과합니다. 저는 여기서 수학의 본질을 말한다느니 아이의 창의력을 기른다느니 하는 상투적인 이야기를 하고 싶지 않습니다. 그런 이야기는 아이를 가르치는 수학자로서 양심이 허락하지 않기 때문이지요. 저는 분명 아이들을 생각하는 마음만큼은 올바른 길을 걸어왔다고 자부합니다.

　엄마의 욕심 때문에 아이가 길을 잘못 든 건 아닐까요? 아닙니다. 분명 내 아이에게 욕심을 부리는 것은 인지상정입니다. 그건 욕심이 아니라 부모님의 한결같은 자식 사랑입니다.

　그런데 왜 부모의 마음처럼 교육이 이루어지지 않는 것일까요? 엄청난 노력을 쏟는데도 말입니다. 그건 욕심의 방향과 방법이 잘못되었기 때문에 아이가 바라는 목표치를 달성하지 못하는 것입니다. 서울은 이쪽에 있는데 저쪽으로 열심히 달린다면 서울에 도착하지 못합니다. 길을 잘못 선택한 것이지요.

　과장하고 싶지 않습니다. 저는 올바른 방법으로 무수히 많은 아이들을 자신이 원하는 대학에 보냈습니다. 머리의 천재는 없지만, 노력의 천재는 있습니다. 그리고 효율적인 방법으로 해야 합니다.

　일단 내 아이의 방향을 알아야 합니다. 모든 것은 거기서부터 시작합니다. 목표가 정해지고 욕심을 부리는 것입니다. 마음껏 부려도 됩니다. 그냥 남과 같은 '따라쟁이'만 되지 마세요.

　목표와 방향이 결정되어야 학습의 형태도 결정됩니다. 그런데 이상하게도 어머니들은 목표 설정도 없이 아이에게 이것저것 많이 시킵니다. 그래서 어쩌겠다는 말인가요. 만약을 대비해 이것저것 찝쩍거려보겠다는 뜻인가요.

　이런 것이 진짜 과욕입니다. 욕심을 부리더라도 올바른 방향으로 부려야 합니다. 슈퍼스타나 성공한 사람들을 보면 대개 어릴 적부터 목표를 설정하고 교육을 시작했습니다. 일찍 목표를 설정한 아이들은 노력 끝에 꿈을 달성합니다. 우리 아이들이 직장 다닐 때쯤 은퇴해 바라던 바대로 살고 있는 경우가 많습니다. 그들을 보면서 다들 부러워합니다.

그런데 잘 생각해보세요. 그들은 누구보다 일찍 방향을 설정하고 시작했습니다. 저는 우리 소중한 아이들을 위해 일찍 방향을 설정해야 한다고 말합니다. 대학이 목표라면 가고 싶은 대학과 전공할 과를 일찍 설정하고 공부해야 한다는 것이지요.

그러면 내 아이의 수학 공부 계획도 자연스럽게 설정됩니다. 창의력 수학을 배울 것인지, 아니면 선행으로 달려갈 것인지 계획이 나옵니다.

사실 아웃사이더 교육이 아니면 창의 사고력 수학은 별 도움이 되지 않습니다. 어릴 적에 한약을 먹은 것이 커서도 영향을 미친다는 말은 근거 없는 헛소문에 불과합니다. 인간의 대사 과정이 그렇게 이루어지지 않으니까요. 차라리 필요한 공부를 미리 앞당겨서 하는 것이 도움이 됩니다.

근거 있는 수학 공부는 가혹하겠지만 미리 준비한 만큼 도움이 됩니다. 잡다한 것을 줄이고 학생들이 가장 부담스러워하는 수학에 올인해 부담을 낮춰야 합니다. 수학 성적에 대한 베이스 없이는 바라는 대학에 가는 것이 사실상 어렵습니다.

물론 고등학교에 올라가 열심히 공부해서 좋은 점수를 받았다고 하는 경우도 가끔씩 있습니다. 그런데 말입니다. 내 아이도 그러리라고 생각하는 것은 희망 고문입니다. 확률적으로 매우 희박한 일이니까요.

감히 말하고 싶습니다. 수학만큼은 조기 교육을 시켜야 합니다. 단, 학교 수학과 동떨어진 정체불명의 수학 교육은 쳐다보지도 말아야 합니다.

지금 아이들이 배우고 있는 학교 수학은 대(大)수학자들의 노력과 결실로 이룬 산물입니다. 변하지 않는 수학적 업적인 것이죠. 이것을 아이들이 배워야 하는데, 이상하게도 최근에 생긴 정체불명의 수학으로 갈아타는 이유가 뭔지 묻고 싶습니다. 제발 어머님들 속지 마세요. 제가 25년간 주장하는 내용입니다. 우리 아이들에게 수학을 빌미로 삼는 장사꾼들에게 속지 마세요.

🎓 수학 공부의 기본은 수학 교과서입니다. 교과서를 중심으로 뻗어 가는 수학 선행을 하세요. 초등 창의 사고력 수학은 입시와 무관합니다. MSG 수학이고 유전자 변형 수학입니다.

내 아이 승자로
만들기 위한 부모의 역할

"공부 못해도 좋다. 건강하게만 자라다오."

이것은 허울 좋은 패자들의 변명입니다. 사람들은 이야기합니다. 서울대를 가도 학업에 대한 스트레스로 자살하는 경우가 있다고. 정말 그렇게 말하는 수학 선생이라면 자격이 없습니다. 서울대를 가서 잘된 경우가 더 많을까요, 나빠진 경우가 더 많을까요? 확률의 문제입니다. 왜 사람들은 일부만 가지고 전체를 대표하려고 하는 걸까요? 그것은 나쁜 의도를 가지고 있거나 비겁해서 그런 것입니다.

오직 한 번뿐인 내 아이의 인생은 소중합니다. 실패한 사람들의 말은 절대 귀담아 듣지 마세요. 우리가 좋은 대학을 가는 이유는 확률적으로 좀 더 행복해지기 위해서입니다.

저는 여러분의 자녀가 승자가 되는 길을 말해주고 싶습니다. 패배자로 그냥 만족하는 삶을 사는 방법을 말하고 싶지는 않습니다. 패배자로 만족하는 삶은 특별히 노력하지 않아도 저절로 되기 때문이지요.

내 아이가 절대 포기하지 않도록 어머님 역시 단단히 각오해야 합니다. 하버드 대학교 뇌 과학자의 연구에 따르면, 사람은 23세가 되기 전까지는 뇌가 완전한 안정기에 들어서지 않는다고 합니다. 그만큼 부모님의 보살핌이 필요한 동물이 인간입니다.

내 아이가 소중한 만큼 그에 합당한 역할을 해야 합니다. 안타까워하고 애지중지하는 마음만으로는 아무런 변화가 일어나지 않습니다. 반드시 모범을 보여주세요. 몇 달 하다가 포기하지 마세요. 그게 내 아이를 수포자로 만드는 길입니다.

수학이 어렵기 때문에 수포자가 되는 것이 아닙니다. 그만두고 포기했기 때문에 수포자가 되는 것입니다. 수학 1등도 배우는 과정은 언제나 어려웠습니다. 그들도 수학 공부가 쉽지 않습니다. 계속해서 단계를 높여가면서 자신의 목표를 달성하기 위해 도전했기 때문에 좋은 결과를 얻은 것입니다.

어머님의 역할은 정보를 잘 공유하는 것입니다. 그리고 제발 패자들의 말은 듣지 마세요. 직접 정보를 찾고 내 아이에게 적용해보고 실패하고 다시 찾고 성공하면서, 실패와 성공을 반복해보세요. 혹독한 과정이 될 수도 있지만, 내 아이와 함께 가는 고난의 길은 보람된 길입니다. 그리고 대학 입학과 함께 대미를 장식할 수 있습니다.

S 처음부터 좋은 정보를 바로 찾을 수는 없을 것입니다. 좋은 정보란 내 아이에게 맞는 학습 방법이므로 반드시 시행착오를 거치게 됩니다. 그렇다고 포기하지 마세요. 포기하면 내 아이도 수포자가 됩니다. 엄마가 포기하면 아이도 포기합니다.

학부모님의
첫 수학 공부 준비

자녀가 초등학교 3학년이 되면서 걱정하기 시작하는 학부모님들이 많을 겁니다. 맞습니다. 여기서부터 시작입니다.

수학은 학교 공부만으로는 부족합니다. 학교 수업이 잘못되어서가 아니라 수학은 그만큼 노력과 공부량이 절대적으로 필요한 과목이기 때문입니다. 그래서 반드시 따로 준비해야 합니다. 쉽지 않습니다.

게다가 방향 설정도 잘해야 되돌아가는 일이 생기지 않습니다. 미리 말씀 드리지만 수학은 되돌아가서 성공한 케이스는 정말 희박합니다. 활동 수학이니 창의 수학이니 이런 뜬구름 잡는 수학에 시간을 허비하지 마세요. 정확하게 방향을 설정해 공부해도 빠듯한 과목이니까요.

제 말을 믿고 따라오세요. 믿지 못하겠다면 뒤에 나오는 성공한 학생들의 경험담을 참고하세요. 방법은 의외로 간단합니다. 흔들리지 않고 그대로 가면 됩니다. 하지만 늘 귀 얇은 어머님들이 문제입니다.

자, 시작합니다. 한 1년 정도는 연산에만 시간을 할애하세요. 그냥 쭉 학년에 상관없이 달려가세요. 지루해서 그렇지 누구나 숙달과 반복으로 가능합니다.

중간에 아이가 지루해서 포기하는 것이지, 실력이 떨어져서 안 되는 것이 아닙니다. 이 기간에는 엄마들의 흔들리지 않는 인내력이 필요합니다. 그렇다면 몇 학년까지 달려야 할까요?

중등 수학까지 연산이 가능하면 최고입니다. 물론 초등 연산까지 여러 번 달리는 것도 좋지요. 하지만 입시 수학에서 정점을 찍은 아이들은 초등학생을 마무리할 즈음에는 중등 연산까지 달린 경우가 많았습니다.

연산이 어느 정도 목표치에 이른 학생이라면 이제 도형을 달립니다. 도형은 중등 수학까지 달리지 않아도 됩니다. 초등 수학을 쭉 달려보세요. 잡다한 것에 시간을 주지 않는다면 초등학생 때 충분히 준비할 수 있는 커리큘럼입니다.

다른 것에 눈길을 주지 않으면 아마도 충분한 시간이 남을 것입니다. 그다음은 중등 문제집 개념편을 6학년 때 한번 쭉 훑어주시면 됩니다.

문제집 고르는 꿀팁을 알려드릴게요. 연산 문제집은 전통이 오래된 출판사에서 연산만 모아둔 시리즈물이 있습니다. 직접 서점에 가서 골라보세요. 내 아이의 취향에 맞는 문제집을 고르면 됩니다. 물론 내 아이의 수준에 맞는 내용을 고르라는 것이 아니라 디자인 취향을 선택하라는 겁니다. 내용이 어떤지는 풀기 전까지 파악할 수 없습니다. 아이의 마음을 보란 듯이 잣대로 들이댈 수 없으니까요. 하지만 아이들이 선호하지 않는 디자인은 있습니다. 심리적인 영향 문제도 있거든요. 《개념원리》가 《수학의 정석》을 따라잡은 데는 디자인적 요소도 한몫했다고 합니다.

연산 문제집을 찾다 보면 그 주변에 도형을 시리즈로 묶어놓은 책도 있습니다. 그건 연산이 끝나고 나서 정복할 문제집이므로 그냥 눈도장만 찍어두세요. 연산이 끝나면 도형도 학년에 상관없이 처음부터 달려주세요. 흔들리지 말고 믿음을 가지고 해보세요.

초등 수학 공부를 위한
금기어

내 아이가 지금 초등학생이고 수학을 시작한 지 얼마 되지 않았다면 다음 금기어를 꼭 지켜주세요.

"내 아이는 날 닮아 수학머리가 없다."

"내 아이는 수학을 싫어한다"

"내 아이는 문과형이다"

"연산능력이 없다."

"도형이 약하다."

수학에 관한 모든 부정적인 말이 금기어입니다. 오늘부터 절대 입에 올리지 마세요.

수학을 시작한 지 얼마 되지 않았다는 것은 초등학교 5학년 이하를 말합니다. 어떤 부모님들은 숫자를 다른 아이들보다 조금 일찍 깨우쳤다면서 우리 아이가 수학 천재라고 말합니다. 맞습니다. 그런 믿음을 깨지 마시고 고3 때까지 쭉 가져가면 그 아이는 정말 수학의 천재가 되어 있을 것입니다. 숫자를 조금 늦게 깨우친다고 수학머리가 없다고 단정 지으면 중학생이 되면서 바로 수포자의 길로 접어들 것입니다.

수포자와 수학 천재의 갈림길은 단 한마디의 말에서 시작됩니다. 조금 빨리 깨우친 경우는 아이가 눈치가 빠른 것이지 수학머리가 뛰어난 것은 아닙니다. 잘 생각해보세요. 어릴 적 에디슨을 보고 아무도 천재라고 하지 않았습니다. 하지만 지금은 발명왕 에디슨을 천재라고 부르지요. 에디슨이 천재가 되는 길에는 어머니의 무한한 신뢰가 있었습니다. 학교 선생님이나 세상의 시선 때문에 에디슨의 재능이 묻힐 뻔했지만요.

지금 이 시간부터는 내 아이가 수학적 재능이 뛰어난 수학 천재라고 생각하세요. 눈치가 빠른 아이는 문제 풀이의 센스가 있을 뿐이지 결코 개념을 숙지해서 그런 것이 아닙니다. 개념 정리가 된 친구라면 그렇게 빠른 반응을 보이지 않습니다. 확인 작업을 해야 하는 것이 수학이니까요. 그러므로 약간 뒤처진다고 실망할 필요 없습니다. 다시 시작하고, 반복하고, 많이 풀어보면 됩니다.

어차피 학교 수학은 끝이 있는 마라톤입니다. 단거리 경주가 아닙니다. 빨리 달려봤자 도착 지점은 모두 같습니다. 아, 물론 중도 포기자는 예외지요.

그리고 이과형 머리나 문과형 머리 같은 말도 금기어입니다. 세상에 이런 구분을 누가 만들어냈는지 궁금합니다. 뇌 과학자들도 알지 못하는 말을 일상적으로 쓰고 있으니, 정말 수포자를 만드는 저주입니다.

우리 아이가 수학을 못하는 이유는 단 하나입니다. 공부를 안 해서 그렇습니다. 성적이 나오는 아이는 그만큼 공부한 것입니다. 살짝 공부법의 차이는 있을 수 있습니다. 하버드에서도 신입생을 받으면 한 학기는 공부하는 방법을 가르친다고 합니다. 여러분의 자녀도 일단 수학 공부법을 깨우치고 그다음 공부하면 됩니다. 공부 천재들인 하버드대 신입생들도 한 학기 동안 공부하는 법을 배운다는데 수학 공부법을 배우지도 않고 수포자로 바로 가는 것은 무슨 이유인지 모르겠습니다.

Ｓ 내 아이가 초등학생이라면 모두 수학 천재의 씨앗을 가지고 있다는 사실을 명심하세요.

초등 수학이
골든타임입니다

저는 초등 수학이 골든타임이라고 말하고 싶습니다. 초등 수학 자체가 중요해서 골든타임이라고 부르는 것이 아닙니다. 이 시기야말로 수학에 대한 습관과 태도를 기르는 데 가장 중요하기 때문입니다. 중학생이 되어서 수학에 대한 습관이나 태도를 만들려고 하면 아주 버겁고 힘이 듭니다.

초등 고학년에는 스스로 생각하는 연습도 해야 합니다. 수학에 대한 작은 성찰을 준비해야 하는 시기지요. 초등학생이 스스로 생각하는 과정을 거치는 것은 결코 쉬운 일이 아닙니다. 그래서 제대로 된 멘토나 학부모의 지도가 필요합니다.

이 점을 노리고 사교육자들이 만연하게 되었습니다. 그런데 말입니다. 이 시기에 형성된 잘못된 태도나 생각이 당시에는 직접적인 피해를 주지 않지만 중학생이 되어 실전에서 싸우다 보면 그때 배운 것이 허상이라는 것을 깨닫게 됩니다.

얼마 전 학원 세미나에 참석해 자녀 교육에 성공한 어느 학부모님의 강연을 들었습니다. 자신도 수학 공부에 대한 이론이 정립되지 않은 상태에서 다른 사람들에게 강연을 하고 있었습니다. 단지 자녀가 괜찮은 학교에 진학했다는 이유 하나만으로 말이지요.

강연 내용을 들어보니 자기 자녀는 어릴 때부터 창의 사고력 수학에 집중했다고 합니다. 중학생이 되어 성적이 나오지 않았는데도 자신의 길이 옳다고 생각했답니다. 그 이유가 참 가관이었습니다. 인생에서 수학이 그렇게 중요한 것인가 하면서 자신을 되돌아 보았다고 합니다.

그래서 아이에게 결국 재수를 시키면서 인생을 되돌아보게 만든 것입니까? 아이가 좋은 대학에 가게 된 이유는 재수를 하는 동안 피땀 흘려 제대로 된 수학 공부를 했기 때문입니다. 어머니의 그 마인드가 작용한 것이 아니라 아이가 태도와 습관을 바꿔서 해낸 것입니다. 착각하면 안 됩니다. 어머님의 잘못된 수학 학습에 맞서서 이뤄낸 것입니다. 그 학생이 외로운 새벽을 맞으며 공부해낸 결과입니다.

---

⑤ 성적 향상에 공짜는 없습니다. 수학은 올바른 목표와 방법이 아니면 결코 성적이라는 보답을 건네주지 않습니다.

좋은 수학 학습서 vs.
나쁜 수학 학습서

수학 학습법에 관한 책들을 살펴보면 간혹 잘 쓰인 책이 있습니다. 그런데 이런 좋은 책은 판매량이 높지 않더군요. 학생들의 수학 공부를 생각하는 저자의 진심이 담겨 있고 다른 첨가물을 넣지 않았기 때문입니다. 엄마들은 달콤하거나 자극적인 맛이 나는 학습법을 원합니다. 그런 학습법은 아이가 자라면서 당뇨병에 걸려도 책임지지 않습니다.

최근 어느 초등 수학 학습서를 보니 1학년 수학에서 시계 읽기가 매우 중요하다고 쓰여 있습니다. 그런데 요즘 시계는 아날로그가 아니라 디지털로 숫자가 나옵니다. 특히 핸드폰이 그렇지요. 어떤 근거로 중요하다고 말하는 것일까요? 중학생 때 연계되는 내용도 아닙니다. 책에 보면 교구 수학의 중요성도 나오더라고요. 이

책의 저자는 고등 수학 과정도 모르는 분인 것 같습니다. 비례배분은 초등 수학에만 나오고 사라진다고 했더라고요. 아이고, 그러니 고등 수학에서 아이들이 기초가 없다는 이야기를 듣게 됩니다.

초등 수학 문제집에 대한 나름의 기준이 있는 듯 예시도 들어놓았는데, 사실 초등 문제집은 별 차이가 없습니다. 디딤돌, 천재교육, 비유와상징 등 대형 출판사들의 책은 다 좋습니다. 왜냐하면 대형 출판사는 수학 전공자를 편집자로 두고 있기 때문이죠. 하지만 소형 출판사는 저자의 개인 취향에 따라 학습의 편차가 들쑥날쑥합니다. 초등 수학은 아무나 할 수 있다는 생각으로 달려드는 분들이 많습니다. 조심하세요. 내 아이의 미래가 달린 문제니까요.

어떤 문제집으로 시작할지가 중요합니다. 좋은 문제집보다는 나쁜 문제집부터 가려줘야 합니다. 일단 저자와 출판인이 같은 사람이면 아무리 제가 쓴 책이라도 사지 마세요. 여러 명의 검토자를 거친 책이 안전합니다.

몸에 나쁜 음식은 그토록 신경을 쓰면서 아이들에게 해로운 문제집은 그냥 잘 받아들이는 것을 보면 신기합니다. 아무나 만들수 있고 가르칠 수 있는 초등 수학이지만, 그래도 전체적인 구조를 알고 있는 전문가가 확실히 낫습니다. 아이의 수준에 맞는 문제집을 골라야 한다는 광고 문구도 있는데, 어떤 기준이 내 아이의 수준을 판별하는지는 제시하지 못합니다. 문제집들을 죽 나열해두었지만 근거가 모호한 분류일 뿐입니다.

기준을 학원에 맞추다 보니 초등 수학 학습의 괴리가 생기는 것입니다. 독소가 몸에 쌓여서 나중에 건강에 영향을 주듯이, 나쁜 수학의 결과는 빠르면 중학교 1학년 때, 늦어도 고등학생 때 나타납니다.

S 중학교 1학년이 자유 학년제로 바뀌면서 시험이 사라졌습니다. 초등 사교육자들에게는 1년 유예의 행운입니다. 진검 승부가 1년 뒤로 연장된 것이지요. 하지만 제도 개편으로 1학년 자유 학년제를 다른 학년으로 옮기는 지방들도 생겼습니다. 환영합니다. 더 늦기 전에 내 아이의 수학을 바로잡을 수 있는 기회를 가지게 되었으니까요.

초등 수학,
어떤 문제집을 선택해야 할까요?

　초등 수학 문제집 선택 요령에 대한 사람들의 의견이 분분합니다. 문제의 개수가 많은 문제집을 선호하기도 하고 개념 설명에 충실한 문제집을 선호하기도 합니다. 사실 다 필요 없습니다. 아이들의 취향은 그렇게 천편일률적이지 않으니까요. 사람의 지문이 모두 다르듯 아이들의 입맛도 모두 다릅니다.

　그럼 답이 나옵니다. 내 아이의 입맛에 맞춘 문제집보다는 학교 수업을 잘 따라갈 수 있는 문제집을 선택해주세요. 과거에는 초등학교에 시험이 있어서 선생님의 출제 경향이라도 알 수 있었지만 지금은 오히려 더 위험한 것 같습니다. 무시험이라 내 아이의 수학 수준을 평가할 수 없습니다. 초등 수학도 교과서 출판사마다 나오는 추세니까 같은 출판사의 문제집을 선택하는 것이 좀 더 효율적일 것입니다.

그렇다면 왜 내 아이의 수준에 맞춰 문제집을 선택하면 안 되는 것일까요? 사실 당연한 것입니다. 원래 교육의 목적은 학업 성취를 끌어 올리는 데 있지 실력을 그대로 머물게 하거나 끌어내리는 것이 아니기 때문입니다. 내 아이의 수준을 끌어 올려 학업 성취 목적에 맞춰야 하지 않겠습니까? 그런데 이상하게도 내 아이의 수준을 고려해 문제집을 선택한다는 말이 저는 도무지 이해가 되지 않았습니다.

무시무시한 이야기지만, 내 아이 앞에는 무한 경쟁이 펼쳐져 있습니다. 어떤 조건을 갖출 때 비로소 열매를 맺을 수 있지 더 이상 어리광은 통하지 않습니다. 가뜩이나 수학은 내 아이의 상태에 관심도 없습니다. 내 아이가 수학에 잘 맞춰야지 수학이 내 아이의 수준을 맞춰줄 리 없습니다.

문제집은 내 아이의 수준에 맞추지 말고, 학교 수학을 잘 따라갈 수 있는 것으로 훈련시켜주세요. 쉬운 문제집으로는 결코 심화 수준까지 끌어올리지 못합니다. 저 역시 학창 시절에 수학 점수는 낮았지만 결코 《수학의 정석》 기본편으로 공부하지 않았습니다. 못해도 《수학의 정석》 실력편으로 내가 이길 때까지 했습니다. 결국 무승부였지만 제가 지지는 않았습니다. 지금 생각해보면 주변 아이들의 말을 듣고 기본편으로 공부했다면 제가 바라는 대학에는 가지 못했을 것입니다.

내 목표에 맞추거나 내 실력에 맞추지 마세요. 발전하는 교육이라면 반드시 학업 성취 목적에 맞춰야 합니다. 학원 선택도 마찬가지입니다. 어머니가 직접 가르칠 바에는 학원을 보내세요. 두서없는 지도는 오히려 위험할 수 있습니다. 가르치는 열정을 교육비를 버는 데 투자하세요.

초등학생은 오답노트를 만들 필요가 없습니다. 문장제 문제는 수능에서든 고등 내신에서든 한 문제만 나옵니다. 학교에서는 선생님이 수업 시간에 문장제 문제의 사례를 잘 들어줍니다. 학교 수업에만 충실해도 염려 없습니다. 수능 수학 문장제 문제는 초등 수학의 문장제 문제와 태생이 다릅니다. 즉, 초등학교 때 미리 준비할 필요가 없다는 말입니다. 시기도 적절하지 않고요. 그냥 셈과 도형 그리고 학교 수학에만 충실해도 됩니다. 학교 수학에서 부족한 부분만 사교육으로 보충하면 됩니다. 공신력 있는 인강을 통해 부분적으로 보충만 해도 충분합니다.

🎓 문제집 선택의 기준은 내 아이의 수준이 아닙니다. 학교 수학을 받쳐줄 만한 문제집을 선택해주세요. 그래야 실력이 올라갑니다.

초등 수학에서
꼭 알아야 할 사항들

연산에서 속도가 느려진다면 그것은 바로잡아주어야 합니다. 아이 생각 속에 걸림돌이 되는 개념이 박혀 있을 수도 있으니까요. 수학머리와는 상관없습니다. 인식의 문제이거나 잘못된 생각이 누르고 있는 것입니다. 같은 유형의 문제를 반복해 풀면서 잘못된 생각을 찾아내는 과정을 거쳐야 합니다. 만약 치료 시기를 놓치면 수학의 동맥경화로 발전할 수도 있습니다.

수학 동화도 너무 많이 읽히지 마세요. 사실 너무 재미가 없어요. 그냥 다른 재미난 동화를 읽혀서 아이들이 스트레스를 해소하게 해주세요. 아이들이 서술형을 어려워하는 이유 중 하나는 문제집에 실린 서술형 발문 자체가 어렵기 때문입니다. 그러니 수학 교과서의 지문에만 충실히 익숙해지도록 해주세요. 나중에 별로 쓰이지도 않습니다. 초등 수학 용어나 기호도 그다지 중요하지 않습니다. 몇 개 없기도 하고요. 중학생 때부터 본격적으로 나오니 그때부터 신경 쓰면 됩니다.

틀리는 문제만 자꾸 틀리는 아이는 어떻게 하면 될까요? 이렇게 말하기는 뭐 하지만, 눈물이 쏙 빠질 정도로 자극을 주시든가 뇌에 박힐 정도로 그 문제를 반복해서 쓰게 하세요. 팔이 아파서라도 실수하지 못하도록 말이죠. 많은 운동선수들이 이런 방법으로 실수를 줄입니다.

초등 수학을 가르치면서 너무 흥미만 주려고 하지 마세요. 이 방법은 오히려 고학년이 되면서 독으로 작용합니다. 채소가 몸에 좋다고 육식동물에게 채소만 먹여보세요. 어떻게 될까요? 수학을 재미와 지나치게 연결시키는 것도 마찬가지입니다.

학원을 운영하면서 경험상 초등학생에게 가장 중요한 시기는 여름방학과 겨울방학입니다. 이때 중등 수학 선행을 해야 수학의 생존 경쟁에서 밀리지 않기 때문입니다. 이기는 것이 아니라, 밀리지 않는다는 말입니다.

🎓 선행 학습이 가혹하다고요? 그럼 인간의 경쟁 사회 자체를 바꾸면 됩니다. 우리는 피해자이면서 가해자입니다. 강한 종이 살아남는 것이 아니라 적응하는 자가 이긴다는 말이 있습니다. 아무쪼록 우리 아이들이 수학을 잘 극복하길 바랍니다.

수학 공부,
선행이 꼭 필요할까요?

 팩트를 말해도 사람들은 자신이 원하는 것만 믿으려 하는 편향이 있습니다. 이런 사람들의 편향을 틈타 요상한 것이 난무하는 게 지금의 교육 현장입니다.

 정말 은퇴한 교육자로서 피를 토하는 심정으로 말합니다. 수학만큼은 반드시 선행이 필요합니다. 창의 사고력 수학은 필요하지 않아요. 그건 수학이 아닙니다. 학문이 아닌 놀이입니다.

 그럼 무엇을 선행해야 할까요? 지금 짜여져 있는 학교 수학 교육 체제는 그 자체로 아주 훌륭합니다. 색안경을 끼고 보지 않는다면 말입니다. 약간의 문제점은 있지만 큰 장점에 비하면 아주 사소한 것입니다. 현행의 수학 과정은 이상야릇한 사교육보다 훨씬 견고한 수학 커리큘럼입니다.

자, 선행의 시작은 초5부터입니다. 선행에 필요한 에너지는 끈기와 태도이고요. 선행이 나쁘다고 하는 사람들이 있는데 그건 세상이 공평하다고 믿고 싶은 이들의 착각일 뿐입니다.

선행은 곤란한 상황이 닥치기 전에 미리미리 대비하는 것입니다. 고등학생이 되면 반드시 시간에 쫓기는 상황이 옵니다. 그런 상황에 대비해 미리 출발해놓는 것입니다. 수학 학습에 평지만 있는 것은 아닙니다. 내 아이에게 아무도 예상치 못한 고난이 수시로 닥칠 수 있습니다.

학습에서 흥미를 쫓지 마세요. 내 아이의 수준에 맞추는 것은 교육이 아닙니다. 성장은 머물러 있는 것이 아닙니다. 학교 수학이 내 아이의 수준에 맞춰주는 것도 아닙니다.

인생을 살아보셔서 알 것입니다. 결코 세상은 내 수준에 맞춰 움직이지 않습니다. 내 아이의 수준에 맞는 교재는 하나의 디딤돌 역할만 할 뿐입니다. 반드시 목표를 달성할 수 있는 교재로 나아가야 합니다.

내 아이를 '루저'로 키우지 마세요. 수학은 재능보다 노력이 중요합니다. 노력에 들어가는 끈기 역시 무시할 수 없습니다. 강조하건대, 학교 수학은 노력의 문제이지 재능의 문제가 아닙니다.

앞에서도 말했지만 수학이 대입을 좌우합니다. 그래서 수학을 선행하는 것은 내 아이 학습 부담을 줄여주는 역할을 합니다.

교재 역시 절대 학교 공부 수준 이하의 문제집을 선택하지 마세요. 산 정상에서는 아래가 쉽게 보이듯이 한 단계 높은 학습이 학교 수업에 자신감을 불어넣을 것입니다.

제대로 하지도 못하는 아이에게 무리라고요? 처음부터 잘하는 아이는 없습니다. 수학 전교 1등도 마찬가지입니다. 그 아이 역시 그냥 그렇게 된 것이 아닙니다.

수포자든, 중간 성적의 아이든, 전교 1등이든 각자의 처지에서 나름대로 노력했습니다. 수포자도 처음부터 수포자가 된 것은 아니란 말입니다. 무엇이 이들을 갈라놓았을까요? 바로 태도와 끈기입니다.

제한을 두지 마세요. 내 아이의 수준에서 머무르지 마세요. 계속 나아가세요. 어떤 천재라도 처음부터 완벽하게 소화하지는 못합니다. 돌아서면 까먹게 됩니다. 까먹을 때 다시 보려고 하는 노력의 천재로 키워야 합니다. 수학 공부에 성공한 아이들은 모두 선행으로 박차를 가했습니다. 예외는 없습니다. 하면 됩니다. 노력과 끈기를 칭찬해주세요. 차근차근 기초부터 쌓아가야 한다는 감언이설에 현혹되지 마시고요.

내 아이는 누구와도 바꿀 수 없습니다. 옆집 아이가 해냈다면 내 아이도 충분히 해냅니다. 단, 옆집 아이만큼 노력을 한다면 말입니다.

학교 수학 공부는 머리로 하는 것이 아니라 노력으로 하는 것입니다. 초5부터는 학년에 제한을 두지 마시고 쭉쭉 나아가세요. 최

상위 대학에 진학한 대부분의 학생들은 굳이 말하지만 않았을 뿐 선행 과정을 모두 거쳤습니다.

S 실력 여부를 떠나 수학 하나만큼은 선행을 시켜주세요. 선택이 아니라 필수입니다. 교재는 처음부터 심화 문제집보다는 단계별로 수준을 높여주는 문제집을 선택하세요. 이것이 핵심 포인트입니다.

3장

✳

수학 1등급 비법, 모르면 손해입니다

자기 자신을
먼저 알아야 합니다

　수학 1등급인 혜양이는 자신만의 수학 공부법을 스스로 찾아야한다고 말합니다. 자기에게 맞는 수학 공부법을 찾지 않고 남들처럼 하는 것은 자기 몸에 맞지 않는 옷을 입는 것과 같습니다.

　수학 공부법을 찾는 것 역시 그리 만만한 과정이 아닙니다. 자기 자신을 아는 일이 말처럼 쉬운 일은 아니거든요. 하지만 계속 부딪쳐보고 시행착오를 거치면 결국 찾아집니다. 그리고 반드시 찾아야 합니다. 자기만의 공부법을 찾지 않고 수학 1등급을 얻을 수는 없기 때문입니다.

　자기에게 맞는 수학 공부법인지 판단하는 기준은 언제나 성적입니다. 평가를 통해 방향을 수정해나가야 합니다. 결과로 평가하는 것은 때론 극심한 고통이기도 합니다. 이 과정에서 낙심하기도 하지요. 하지만 이겨내야 합니다.

혜양이가 말하는 또 하나의 방법은 정확한 정보를 수집하는 것입니다. 즉, 철저히 수업에 몰입하면서 출제 가능성이 높은 문제를 계속 찾아가면서 공부해야 합니다. 혜양이의 말에 따르면, 수학 선생님의 떨리는 호흡에도 집중할 정도로 수업에 몰입했다고 합니다. 수학 선생님은 은연중에 중요한 문제, 즉 출제 가능성이 높은 문제에는 흔적을 남긴다는 것입니다.

정말로 수학 성적이 높은 학생들을 보면 반드시 출제되는 문제에 대한 감을 가지고 있습니다. 90% 이상 적중하니까요. 이 방법을 터득하는 길은 수업 시간에 100% 몰입하는 것밖에 없습니다. 학원 수학 숙제를 한답시고 수업 시간에 수업을 듣지 않는 학생들을 보면 참으로 안타깝다고 합니다. 어차피 내신 수학의 출제자는 학원 선생님이 아니라 학교 선생님인데 말입니다.

혜양이가 터득한 또 다른 방법은 수업을 듣거나 공부를 하기 전에 반드시 그날 배울 단원의 목차를 중심으로 전체 그림을 그려보는 것입니다. 내가 배우는 단원이 무엇이고 어느 지점을 향해 가는지 인식하면서 공부하면 뭔가 수학의 구조를 보는 듯한 느낌을 받는다고 합니다.

아주 좋은 학습 태도입니다. 무작정 공부하는 것보다는 전체 그림을 그려보면서 공부한다면 수업에도 유익하고 수업이 끝나도 나의 수학 진도가 어느 지점인지 확인할 수 있습니다. 다음 수학 지점을 향해 나아가는 방향타가 될 것입니다.

마지막으로 혜양이의 공부 노하우는 내가 얼마나 알고 있는지 백지에 옮겨 쓰면서 점검하는 시간을 가졌다는 것입니다. 내가 무엇을 알고 있고 약한 지점은 어디인지 앞으로 보충해야 할 부분은 무엇인지 점검하는 시간입니다. 자신이 무엇을 기억하고 있는지 반추하는 작업 역시 상당히 좋은 학습 방법입니다.

'S 자신에게 맞는 수학 공부법을 스스로 찾으세요. 없다면 만들어내야 합니다. 아주 의미 있는 시간이 될 것입니다.

수학 공부의
최적기는 언제일까요?

보약은 언제 먹나요? 자신의 몸이 한계를 보일 때가 최적기입니다. 물론 여유가 되는 분들은 철마다 드시기도 합니다.

아이가 학교 공부를 하다 보면 따라가기 힘든 시기가 옵니다. 문제는 아이들은 말이 없다는 것입니다. 예전에 초등학생들은 시험을 쳤기 때문에 언제 내 아이가 딸리기 시작하는지 알 수 있었지만, 지금은 무시험이라 참 곤란한 상황이지요.

이런 상황을 만든 교육 전문가들은 과연 생각이 있는지 의심이 듭니다. 무시험이면 결국 누구에게 유리한지 아십니까? 잘사는 집 아이들에게 유리합니다. 철마다 보약을 먹을 수 있는 사람이 좀 더 체력이 나아지듯 말입니다.

내 아이가 어디에서 부족한지 결국 부모의 비용으로 찾아야 합니다. 사교육을 잡겠다고 생긴 근시안적 무시험이 오히려 현실에서는 더 비싼 대가를 치르게 합니다. 초등학생 때 쌓인 수학의 누수가 결국 중학생이 되어 가중치를 넘겨버리니 말입니다.

교육 전문가들이 언제쯤 올바른 교육 정책을 펼칠지 모르겠습니다. 하지만 그들만 탓하고 있을 여유가 없습니다. 결국 내 아이 수학 공부의 최적기를 알려면 부모님들의 노력이 필요합니다.

학원을 보내고 있다면 문제집을 한번 날 잡아 훑어보세요. 문제 풀이는 없고 깨끗하게 답만 달랑 적혀 있는 페이지가 있을 겁니다. 바로 거기서 출발해야 합니다.

학원 상담이 필요한 시기입니다. 전화 통화를 하거나 직접 방문해 내 아이의 문제점을 들어보세요. 아이에 대해 구체적으로 상황을 파악하지 못하는 학원이라면 지금 바로 옮겨야 합니다.

내 아이의 수학 계획이 시작되어야 할 시점인 것입니다. 답만 달랑 쓰여 있다는 것은 수학을 모르는 시기가 시작되었다는 뜻이거든요.

모르고 지나가면 결국 수학 공부에 누수가 발생합니다. 당장은 나타나지 않겠지만 고등학생이 되면 반드시 문제점이 드러나게 됩니다. 수학은 단계별로 연결되어 있는 과목이기 때문입니다.

이 시기부터는 정말 내 아이에 대한 관찰이 필요합니다. 수학은 한 계단만 삐걱거려도 와르르 무너지는 정말 불안한 과목입니다. 때로는 먼 과거로 돌아가 다시 시작해야 하는 수고스러운 과목이기도 합니다.

　호미로 막을 수 있는 것을 가래로 막아서는 안 됩니다. 보통 초등 5학년 때 이런 누수가 발생할 수 있고요. 잘 따라오는 학생이라면 중2 때 이런 현상이 나타날 수도 있습니다. 특히 중2의 2학기 도형 파트는 고등 영역까지 영향을 미치는 대단히 중요한 부분입니다. 이때 생긴 누수는 수능형 문제나 모의고사에서 참담한 결과를 가져올 수 있습니다. 중2 도형은 고등학교 도형과 반드시 연결되어 있습니다.

　엎친 데 덮친 격으로 중2병이 발병한다면 걷잡을 수 없습니다. 미리미리 준비해 위기를 잘 극복하도록 도와주어야 합니다.

학생 개개인마다 수학 공부의 최적기는 다르므로 다른 학생들을 절대 따라 할 필요 없습니다. 하지만 내 아이의 관찰은 반드시 필요합니다. 몰래몰래 아이들의 문제집을 훔쳐보세요. 범죄 행위는 아니니까요.

수학이
입시의 성패를 좌우합니다

대입에서는 문과든 이과든 간에 수학이 차지하는 비중이 결코 작지 않습니다. 결국 당락을 좌우한다고 보면 됩니다. 수학을 포기하고 바라는 대학을 간다는 것은 있을 수 없는 일이기도 하고요.

　"2023학년도 대입 자연계 수학·탐구, 인문계 수학·국어 비중 높아… 서울대·서강대 문·이과 수학 40% 이상 반영"

　"대입 합격의 핵심 수학… 통합 수능 시대서 중요도 더욱 높아져"

이과든 문과든 수학은 필수입니다. 게다가 문과 이과가 통합되면서 수학이 차지하는 비중은 더욱 높아졌습니다. 이러한 상황에서 '수포자'가 된다는 것은 바라는 대학을 포기하겠다는 뜻이기도 합니다.

또한 수학은 단기간 완성되는 그런 과목이 아닙니다. 차곡차곡 쌓아야 실력이 발휘되는 과목입니다. 입시 수학은 빠르면 빠를수록 좋습니다. 한번 잘 배워놓은 수학 실력은 어디 가질 않습니다. 단순 암기 과목이 아니기 때문이지요. 그렇다고 암기를 하지 않아도 된다는 말은 결코 아닙니다.

초등학교와 중학교 때 잘못 배워두면 절대 고등학교 수학과 연결시키지 못합니다. 따라서 반드시 고등부 수학을 마스터하고 있는 선생님을 택해 초등부와 중등부 수업을 받길 바랍니다. 결국 입시 수학의 꽃은 고등부 수학이니까요. 고등부 수학을 완성하기 위해 그 기초로서 초등 수학과 중등 수학이 있는 것입니다. 하지만 초중등부 수학은 고등부 수학과 따로 노는 노선을 걷고 있습니다. 마케팅에 혹해 다른 길로 가는 수학을 선택하는 부모님들을 보면 참 안타깝습니다.

이처럼 수학이 대입에서 중요한 위치를 차지하고 있는데 어린 시절 잘못된 길로 들어서는 학생들을 보면 걱정스럽습니다. 즐기면서 하는 재미있는 수학은 들어보면 정말 멋진 이야기입니다. 하지만 돌이킬 수 없는 결과를 초래합니다. 명심하세요. 수학 자체를 재미나게 만들 수는 없습니다.

입시 수학은 재미난 것이 아닙니다. 과학이 코미디가 될 수 없듯이 수학은 즐거운 놀이가 아닙니다. 하나의 학문일 뿐입니다. 대학에서 문과든 이과든 수학(數學) 능력을 원하는 이유는 학문으로서 위상이 높기 때문입니다. 수학은 레크리에이션이 아닙니다.

정통 수학을 차근차근 배우며 나가도 대입 수학까지 가려면 벅찹니다. 이처럼 입시에 매우 중요한 수학을 굳이 멀리 돌아서 가려는지 학부모님들의 선택을 보면 참으로 안타깝습니다.

변화하고 있는 입시 정책

    2015 교육과정의 문·이과 통폐합으로 내신 성적 분포 변화가 일어났습니다. 2015 교육과정 이전에는 문과와 이과로 계열이 분리되어 있었습니다. 수학에 대한 선호도를 중심으로 계열이 갈라지는 상황에서 수학에 부담감을 느끼는 인문 계열 학생들끼리 경쟁했기 때문에 인문 계열에서도 반드시 1등급을 받는 학생들이 나왔습니다.

    하지만 문·이과가 통폐합하면서 인문 계열 학생들은 수학에 강점이 있는 자연 계열 학생들과 경쟁하는 상황이 되었습니다. 수학 교과에서 상위권 등급을 받는 인문 계열 학생의 숫자가 줄어들게 되었지요. 이로 인해 인문 계열 상위권 학생들의 내신 성적이 전반적으로 하락했습니다.

반대로 자연 계열 학생들은 수학 교과에서 이전보다 좋은 등급을 받는 학생들이 증가해 전반적으로 내신 성적이 상향되고 있지요. 이런 현상은 특히 상위권 대학 수시 지원 시 인문 계열과 자연 계열에서 지원 전략을 고민하고 실제 합격선이 형성되는 데 영향을 줄 것으로 보입니다.

변화된 수능 체제에서 수학 영역을 주목해야 합니다. 기존 수능에서는 수학이 가형과 나형으로 구분되어 인문 계열과 자연 계열 지원자가 서로 다른 집단에서 성적이 산출되었습니다.

하지만 2023학년도에 바뀐 수능에서는 선택 과목이 달라도 조정 원점수를 통해 같은 집단에서 성적이 산출됩니다. 따라서 문·이과 통폐합으로 인문 계열 학생들의 내신 성적이 낮게 형성되는 상황이 수능에서도 나타날 것입니다. 이렇듯 문과든 이과든 수능에서 수학이 차지하는 비율은 더욱 강화된 셈입니다.

Ⓢ 변화하고 있는 입시 정책에 따라 대입의 당락 여부에 수학은 더 큰 결정권을 가지게 되었습니다.

내신 수학과 수능 수학은
어떻게 다를까요?

내신 수학과 수능 수학은 다릅니다. 내신 수학은 학교의 진도 범위와 학생들의 수준에 난이도를 맞춘 문제가 출제됩니다. 하지만 수능 수학은 초반에는 기본 점수를 주기 위해 비교적 쉬운 문제로 구성되고, 뒤로 갈수록 어려워지다가 킬러 문제에서 방점을 찍습니다.

그래서 우리 아이가 학교 시험은 잘 보는데 모의고사만 보면 성적이 나오지 않는 것이죠. 내신 수학과 수능 수학의 구조적 형태에서 차이가 나기 때문입니다. 모의고사는 수능 형태의 구조를 따르고 있습니다.

그런데 내신을 따라가다가 3월 학평이나 6월 학평을 준비하기에는 시기적으로 시간이 부족한 경우도 많습니다. 다급해진 부모님들 입장에서는 모의고사에서 성적이 나오지 않으면 여간 불안한 것이 아닙니다.

자, 결론적으로 몇 가지 말씀을 드리겠습니다. 1학년 모의고사는 전혀 신경 쓰지 마세요. 물론 못된 수학 선생님 중에는 학교 시험에 한두 문제를 출제한다면서 모의고사를 공부시키는 분들이 계십니다.

그래서 하는 말인데 누가 뭐라 해도 1학년 모의고사는 신경 쓰지 마세요. 전체 커리큘럼의 범위 내에서 치르는 시험이 아니니까요. 어머님들, 못된 교사들 말을 듣지 마시고 저를 믿으세요. 그럼 언제부터 모의고사를 주의해서 챙겨야 하느냐? 고2 중간부터는 모의고사 점수를 챙기기 시작해야 합니다. 그 시기부터는 수능 수학의 형태를 갖춰가기 시작하거든요.

만약 내 아이가 초등학생이고 수학을 제법 열심히 한다면 수학 경시 문제를 하나씩 풀게 해주세요. 이런 형태의 문제가 바로 수능 수학의 킬러 문제 유형입니다. 부담을 줄 필요는 없습니다. 한 문제를 주고 충분히 연습하도록 기다려줘도 됩니다. 많이 시켜도 고등학생 때까지 기억하고 있다는 보장은 없으니까요.

그럼 이런 어려운 문제를 왜 공부시키느냐고요? 수학 공부를 하는 데 필요한 끈기와 힘과 경험을 심어주는 것입니다. 많이 시키지 않아도 되지만 꼭 해볼 필요는 있습니다. 고득점을 노리는 친구들이라면 말이지요. 킬러 문제 예방 접종이라고 보시면 됩니다.

또 다른 방법으로는 학교 수학에 올인하면서 심화 학습을 해나가는 것입니다. 왜냐하면 2023학년도부터 수능 문제를 분석해보니 킬러 문제의 난이도가 조금 낮아진 대신에 쉬운 문제 비율도 확 줄었더라고요. 전체적으로 난이도가 조정되었습니다.

예전에는 1번부터 9번까지는 정말 눈으로도 풀 수 있는 문제로 구성되었는데, 이번 수능부터는 3번부터도 만만치 않은 문제가 나왔습니다. 물론 학생들의 관점에서 바라본 분석입니다.

이런 출제 경향의 원인은 아마도 학교 수학에 좀 더 충실함을 기하려는 의도가 아니었나 싶습니다. 즉, 2023학년도 수능 수학의 출제 구조는 학교 시험의 구조를 따른 듯합니다. 난이도의 평준화라고 할 수 있습니다.

자, 방향이 결정되었습니다. 학교 수학을 충실히 공부하면서 그것을 베이스 삼아 심화 쪽으로 무게를 두는 학습 방향으로 공부하면 됩니다. 지금 초등학생이라면 경시 문제 한두 문제씩 꼭 도전하기를 권합니다. 최근의 입시 수학 경향에 맞춘 따끈따끈한 전략이니까요.

최근 수능 수학의 문제 구조가 바뀌기 시작했습니다. 새로운 형태의 방법을 취해야 할 때입니다. 수학 역시 정보전입니다. 공부 방향이 옳아야 좋은 성적을 얻습니다. 내 아이가 하는 공부 방향이 철 지난 형태가 아닌지 점검해보시기 바랍니다.

수능 수학은
어떻게 준비해야 할까요?

지금 하는 이야기는 수능 공부법이지만 일반 공부법에도 충분히 적용할 수 있습니다. 수능 수학 문제가 따로 있는 것이 아닙니다. 모의고사 문제나 수능 기출 문제를 변형시킨 문제들입니다. 완전히 새로운 형태의 수능 문제는 없습니다. 수능 수학은 90분이라는 시간 안에 30문제를 풀어야 하고 난이도는 문제마다 다릅니다.

수능 수학을 정복하기 위한 전략의 큰 틀은 단순합니다. 개념을 알고 패턴을 철저히 암기합니다. 기출문제를 분석해 통으로 인식하면서 이를 응용해 변형시킨 문제를 풀 수 있을 정도로 반복해서 학습하면 끝입니다. 사실 이게 전부입니다. 물론 얼마나 반복하느냐가 승부수이지만 말입니다.

수학의 각 단원을 잘 이해하고 전체적인 그림을 그리는 것도 매우 좋은 학습 방법입니다. 수능 수학은 전 과정을 다루기 때문에 수험생은 늘 수학의 전체 그림을 염두에 두고 공부해야 합니다. 난이도가 높은 문제도 결국 수학 교과서에 수록되어 있습니다.

풀이법이 잘 이해되지 않으면 먼저 통으로 암기하고 문제와 대조하면서 이해해보세요. 전체적인 그림 속에서 이해하면 쉬워집니다. 그리고 패턴 분석은 항상 기출문제를 기준으로 해야 합니다. 학교 시험도 마찬가지고요. 작년에 출제된 기출문제를 중심으로 분석하는 것이 좀 더 효율적인 지름길입니다. 우리는 수학만 공부하는 것이 아닙니다. 그래서 반드시 효율성도 따져야 합니다.

학교 시험이든 수능 시험이든 우리는 완전히 새로운 형태의 문제를 접하는 것이 아닙니다. 언제나 모범 문제들이 있습니다. 그러니 그것을 참조해 공부의 방향을 잡아나가는 것이 좋습니다. 학교마다 수학 문제 족보들이 있지요. 요즘 학생들은 참 공부에 무심합니다. 왜 좋은 기준이 있는데도 그냥 유명 브랜드의 문제집을 마구잡이로 풀기만 하는지 참 안타까울 따름입니다.

적을 알고 나를 알아야 합니다. 내가 무조건 열심히 하면 된다는 생각은 무모한 열정에 불과합니다. 표적이 정확해야 목표물을 맞힐 수 있습니다. 특히 초등학생이라면 표적을 잡을 수 있도록 어머님이 도와주어야 합니다. 앞에서도 여러 번 말했지만 개념을 잡는 데는 교과서만큼 잘 설명되어 있는 책도 없습니다.

수학 교과서로
공부하는 방법

개념이 잡히지 않았다면서 개념만 주구장창 파다가 수포자가 되는 학생들을 많이 보았습니다. 수능이 끝날 때까지 개념만 잡고 있습니다. 그러니 성적이 나올 리가 없지요. 개념을 잡으려면 수학 교과서를 가지고 시간을 정해놓고 잡아야 합니다. 수학 교과서는 학교에서 배운 내용을 다시 복습할 수도 있고요. 공부 좀 하는 학생이라면 교과서를 여러 종 가지고 있기도 합니다.

여러 종의 수학 교과서를 비교하면서 공부하면 저절로 개념이 잡혀나갑니다. 중학교 교과서도 여러 종이 있습니다. 한 종의 개념 서만 공부하지 말고 여러 종의 교과서를 같이 보면서 공부하면 복습이 저절로 되면서 개념과 동시에 문제 유형도 파악됩니다.

학습법을 예로 들어보겠습니다. 일단 세 종류의 수학 교과서를 동시에 공부하는 것인데요. 시험 범위까지 문제는 풀지 않고 텍스트만 소설책 보듯 쭉 읽어봅니다. 첫 번째 교과서는 정독하듯이 읽어나갑니다. 하지만 부담은 갖지 마세요. 그다음 수학 교과서는 술술 읽힐 것입니다. 세 번째 교과서를 읽어나갈 때면 뭔가 비교하듯이 읽게 될 것입니다.

처음에는 시간이 좀 걸려도 나중에는 그냥 쭉쭉 넘어가게 됩니다. 이제 다시 첫 번째 교과서의 예제 문제만 풀이를 힐끔힐끔 보면서 풀어보세요. 이해가 안 되는 문제는 그냥 따라 쓰세요. 그다음 교과서도 마찬가지입니다. 세 번째 교과서를 볼 무렵이면 각 단원의 문제 유형에 대한 감이 잡힐 것입니다.

이제 또다시 반복입니다. 예제 아래에 있는 기본 문제를 풀어봅니다. 순차적으로 다른 교과서도 반복합니다. 유형과 개념이 확실하게 들어서게 될 것입니다.

자, 마지막으로 세 가지 교과서를 비교해가면서 단원별로 딸린 연습 문제를 풀면서 기초 실력을 완벽하게 다집니다. 이후 심화 유형의 문제집으로 만점 전략에 도전합니다. 이 정도로 기본을 다진 상태에서 자신이 부족한 부분을 파악해 문제집을 선택해 풀어나가면 됩니다.

공부할 양이 많다고 생각될지 모르겠지만 하다 보면 할 만할 것입니다. 공부량을 줄이지 말고 계획을 잡아 달성하도록 하세요. 우리는 성과를 이루기 위해 공부하는 것입니다.

자기만의 수학 노트

옛날에는 남학생이 수학을 잘한다는 말이 있었습니다. 사실 정확하게 통계를 낸 것은 아닙니다. 그런데 지금은 어떤지 아시나요. 수학 말고도 전교 10위 안에서 여학생이 차지하는 비중이 만만치 않게 높습니다. 수학도 평균적으로 여학생들이 잘합니다. 왜 그런지 유심히 살펴보니 남학생들이 공부를 많이 안 하더군요. 또 다른 이유로는 여학생들의 노트 필기에 있는 것 같았습니다.

수학이라는 과목 특성상 논리적 사고가 바탕이 됩니다. 그래서 노트 필기를 일목요연하게 한다는 것은 그만큼 수학의 논리 구조 체계를 잘 알아볼 수 있다는 뜻입니다. 잘 정리한 만큼 유리한 고지에서 수학의 구조를 보게 되므로 수학을 잘하는 것은 어쩌면 당연한 결과일지도 모릅니다.

수학은 답을 찾아가는 과정에 숨은 묘미가 있습니다. 그 길을 잘 정리해 내 것으로 만들어두었으니 수학의 내비게이션을 하나 장착한 셈입니다.

수학 1등급인 아이들은 반드시 자기만의 수학 노트를 가지고 있습니다. 그뿐만 아니라 노트가 매우 잘 정리되어 있었습니다. 제가 복사해서 한 권 가지고 싶을 정도로요. 그만큼 잘 정리하면 수학의 전체적인 맥락을 꿰뚫어보는 것이 어렵지 않습니다. 맥락을 파악하면서 문제를 푸는 것은 그냥 푸는 것보다 몇 배나 더 효율적입니다.

아이가 초등학생이라면 지금부터 수학 노트 만드는 연습을 시켜보세요. 수많은 연습만이 수학의 천재를 탄생시킵니다.

수학 공부에도 좋은
인성이 필요하다고요?

극성인 학부모님들이 들으면 의아해하실 것 같지만 사실이므로 이야기해보겠습니다. 저는 일부러 공부 잘하는 아이들끼리 모아 그룹 수업을 많이 시킵니다. 그러면 서로 경쟁하면서 발전할 수 있기 때문이지요. 어떤 어머니는 이런 수업을 싫어합니다. 어차피 경쟁 관계인데 같이 공부하면 자기 자녀에게 불리하게 작용하지 않을까 염려하는 것입니다.

저는 제가 가르치는 학생들의 경쟁 상대를 전국으로 잡습니다. 지역 경쟁이 아니라는 것을 늘 학생들과 어머님들에게 인지시킵니다. 너의 경쟁 상대는 주변 친구가 아니라 전국의 학생들이다.

따라서 친구들과 서로 도와가면서 공부하는 것이 유리할 수도 있습니다. 하지만 그룹을 만들다 보면 매번 약간 처지는 아이가 나오게 마련입니다. 그 아이에게 너무 치중하면 전체 흐름이 깨질 수 있으므로 저는 가르친 다음 서로 협력해 배움을 다지도록 하는데요. 이때 좀 처지는 아이를 잘 봐주던 친구가 바로 지후라는 학생이었습니다. 제가 볼 때 지후는 수학에 대한 이해가 빠른 편은 아니었지만 매우 성실히 공부했습니다.

인성도 좋아 친구가 질문하는 내용을 싫은 내색 없이 잘 가르쳐주었습니다. 반면, 석준이는 그렇지 않았지요. 가르쳐주는 시간에 자기 공부를 한 자라도 더 하려는 자기중심적인 아이였습니다. 석준이는 질문하는 친구들에게 대충 답을 해주거나 자기도 잘 모른다며 얼버무렸습니다. 그러니 당연히 잘 가르쳐주는 지후에게 아이들이 많이 물어보는 상황이 되었지요.

저는 여기서 누가 더 착하고 아니고를 따지고 싶지 않습니다. 다들 저마다의 목표를 위해 열심히 공부하고 있으니 말입니다. 자기 공부를 좀 더 하고 싶은 것 자체가 나쁜 건 아닙니다.

그런데 말입니다. 늘 석준이가 전교 1등을 하다가 학년 말 시험에서 지후가 전교 1등을 차지했습니다. 저는 이 놀라운 반전의 이유를 곰곰이 생각해보았습니다. 전교 1등의 성패는 수학에서 갈렸습니다. 수학이 어렵게 출제된 것은 아니었지만 구석구석 함정을 파놓은 문제가 많았습니다.

언제나 혼자서 1등만을 위해 달리던 석준이는 수학 문제의 함정에 빠졌습니다. 그러나 친구들의 물음에 일일이 대답해준 지후는 친구들을 가르치면서 함정을 피하는 훈련이 자동으로 이루어 졌던 것입니다.

공부에는 이런 말이 있습니다. 배움보다 더 좋은 훈련은 가르침이다. 다른 사람을 가르치다 보면 더 잘 익히게 됩니다. 이런 점을 염두에 두면 우리 학생들의 인성에도 도움이 될 것입니다.

🎓 공부할 때 좋은 인성은 득이 되면 되었지 결코 해가 되지는 않습니다.

좋은 수학 교재란
무엇일까요?

　초등 수학 교재부터 살펴보겠습니다. 초등 수학은 개념서를 여러 권 풀어보는 것이 좋습니다. 심화 문제보다는 개념서를 반복해 풀면서 수학의 숙성 과정을 거쳐야 합니다. 따라서 개념을 중시하는 문제들이 수록되어 있는 문제집이 좋습니다. 심화 문제집은 내용이 너무 튀는 것이 많습니다. 오히려 잘못된 길로 인도할지도 모릅니다. 아이가 개념서를 잘 마스터한다면 응용서까지는 보는 것도 괜찮습니다. 하지만 고난이도 심화서는 감히 추천하고 싶지 않습니다.

　아이가 수학을 좋아한다면 씨매스 교재를 추천하고 싶습니다. 근본이 보이는 사고력 문제들이 재미나게 수록되어 있습니다.

　응용 문제집을 풀 때는 아이가 독창적으로 풀어내는 문제는 바로잡아주세요. 수학은 구조를 중시하는 학문입니다. 잘못된 문제 풀이 방법이 쌓이면 돌이킬 수 없는 결과를 가져옵니다. 자녀들을 무시하는 것이 아닙니다. 아이가 창의력을 발휘하려면 우선 탄탄한 기본기가 쌓여야 합니다. 그전까지는 답을 찾아내는 신기한 기술이 오류를 일으킬 가능성이 높습니다.

과연 어머니의 시각으로 내 아이의 문제 풀이가 오류가 없다는 것을 자신할 수 있을까요? 문제집을 만들다 보면 의욕적인 선생님들이 문제를 창의적으로 만드는데 그래서 제법 많은 문제들에서 오류가 생깁니다. 학교 선생님들도 그러한데 아직 배우는 학생들이 이상한 문제 풀이를 하는 것에 천재성을 부여할 수 있겠습니까. 그냥 문제집에서 검증된 문제 풀이를 따르세요. 이상하게 가르치는 학원에도 보내지 마시고요.

중등 수학 교재는 초등 수학 교재처럼 선택의 폭이 넓지는 않습니다. 문제집은 우리 학교 수학 교과서와 같은 출판사의 것으로 선택하세요. 중학생도 초등학생과 마찬가지로 숫자만 바꾸어도 다른 문제라고 생각합니다. 아직 사고력이 덜 자란 상태니까요. 제가 초등 수학에서 사고력 문제집을 선택하지 말라고 하는 것과 일맥상통합니다. 진리가 아닌 것은 아무리 많은 사람이 옳다고 해도 진리가 될 수 없습니다.

자, 다시 중등 수학 교재 이야기를 하지요. 자기 학교 수학 교과서의 출판사 문제집을 구비합니다. 그리고 중학생이 되면 대부분의 학교에서 프린트물을 제공할 것입니다. 그것이 중심이 되어야 합니다. 그 프린트물의 문제들을 잘 살펴보면 어떤 문제집에서 주로 가져온 것인지 알 수 있습니다. 한번 찾아보세요. 그런 다음 바로 그 문제집을 서점에서 구입해 아이에게 풀어보게 하세요. 훨씬 효율적인 시험 대비가 됩니다.

과연 이렇게까지 해야 할까 생각할지 모르겠지만 성적 향상에 반드시 필요한 디테일입니다. 공부 잘하는 친구와 못하는 친구의 머리는 크게 차이 나지 않습니다. 하지만 정보력의 차이는 아주 중요하게 작용합니다.

학생들은 자기 학교 수학 교과서 출판사가 아닌 다른 곳에서 나온 문제집을 응용력을 발휘해 풀 수 있는 수학의 전문가가 아닙니다. 이제 막 수학을 배우는 학생이라는 사실을 명심하세요.

마지막으로 고등 수학 교재로는 《수학의 정석》이나 《개념원리》가 기본이 됩니다. 《수학의 정석》 기본편을 푼 학생이라면 《수학의 정석》 실력편으로 높여주시고, 《개념원리》를 푼 학생이라면 《쎈 수학》 문제집으로 넘어가면 됩니다.

고등학교 2학년이 되면 모의고사 유형을 파악해야 합니다. 자이스토리나 EBS 기출문제 등 다양한 기출문제집이 있습니다. 이제 여기서부터는 사고력 심화가 필요한 순간입니다. 모의고사나 기출문제에는 비로소 다양한 풀이 방법이 존재하니까요.

드디어 진검승부의 시간입니다. 이제부터는 특별한 방법이 있는 것이 아닙니다. 자신의 스타일에 맞게 문제를 분류하고 유형을 파악하면서 숙성시키는 일만 남았습니다. 정해진 길에서 누가 더 많이 반복하고 노력하느냐에 따라 승부가 결정됩니다. 이제부터는 스타 강사니 완벽한 문제집이니 이런 것은 존재하지 않습니다. 정해진 기출문제에 익숙해져서 시험에서 잘 풀어내는 것이 중요합니다.

🎓 수학은 운이나 요행을 바랄 수 없는 정직한 과목입니다. 성적은 정직하게 나올 것입니다. 얼마만큼 많은 피와 땀과 눈물을 쏟았느냐에 따라 결과가 달라질 뿐입니다.

메타 인지 수학 학습법

아이들에게 효과적인 수학 학습을 시켜주고 싶은 학부모 마음은 한결같습니다. 학교 진도라도 잘 따라갔으면 하는 바람이 있는 경우도 있고요. 수학을 좀 즐겼으면 하는 마음 역시 간절합니다. 내 자녀가 초등학생이라면 더욱 그렇겠지요.

일단 우리 아이들은 수학 용어를 낯설어 합니다. 우선 어머니가 아이에게 수학 용어를 한 자 한 자 가르쳐주는 것도 의미 있는 학습이 될 것입니다. 수학 학습에 돌입하기 위한 첫걸음이 바로 수학 용어에 대한 정확한 인식입니다.

용어에 대한 이해 없이 메타 인지 학습이 이루어질 수 없습니다. 내 아이가 수학 학습에 대한 약간의 문제가 생기면 노력의 문제이지 머리나 재능의 문제는 아닙니다. 아이들에게 용어를 정확히 인식시켜주는 것이 바로 메타 인지 학습의 한 요소입니다. 학부모님들도 이 사실을 항상 염두에 두어야 합니다. 이것이 바탕이 되지 않고는 메타 인지 수학 학습이 이루어질 수 없습니다.

메타 인지 학습에는 '자기 거울'이라는 말이 있는데, 자신을 자꾸 들여다보면서 자신의 상태를 파악하는 능력을 말합니다. 아이에게 이런 능력을 길러주는 것은 수학 학습에 큰 도움이 됩니다. 메타 인지 능력과 밀접하게 관련 있는 분야가 바로 학습입니다. 인지라는 말은 감각, 지각, 학습, 기억, 언어 등을 뜻합니다. 좀 더 정확히 말하면 메타 인지는 자신이 무엇을 알고 무엇을 모르는지 파악하는 것입니다. 그래서 메타 인지는 공부하는 학생들에게는 아주 중요한 기능을 합니다. 자신의 상태를 제대로 아는 것에서부터 학습이 시작되기 때문이지요.

자신을 스스로 평가할 줄 알아야 어떤 학습 전략을 세울지 계획할 수 있습니다. 어렵게 생각하지 마세요. 아이들이 일기를 쓰는 것 역시 메타 인지 학습의 하나로 볼 수 있습니다. 이를 활용한 것이 '수학일기'입니다. 고학년이 되면 '오답노트'로 응용되기도 합니다.

자신의 상태를 알아야 학습을 컨트롤할 수 있습니다. 무작정 하는 것보다는 훨씬 효율적인 학습이 됩니다. 성공적인 학습을 위한 모니터링과 컨트롤이 제대로 작동되어야 합니다. 메타 인지의 주체는 늘 학생입니다. 학생이 스스로 자기 자신을 바라볼 수 있게 되면 발전하는 속도가 빨라지고 공부의 효율성을 갖게 됩니다.

메타 인지 학습은 아이들을 철들게 하는 기능도 합니다. 메타 인지 능력은 마치 근육처럼 발달할 수 있는 기능입니다. 하지만 자신의 상태를 정확하게 알아야 이에 맞게 성장할 수 있다는 점도 유념해야 합니다.

S 수학일기 쓰기부터 해보세요. 메타 인지 능력을 키우는 첫걸음입니다. 아이 스스로 메타 인지 능력은 키울 때 성장이 가능합니다.

MBTI 성격별
수학 공부법

아빠가 지켜보는 가운데 꼬마는 수박만 한 돌을 들어 옮기려 하고 있습니다. 제법 오랫동안 애를 썼지만 돌은 꿈쩍도 하지 않았지요. 그러다가 그만 아이는 울음을 터트렸습니다. 그러자 아빠는 이렇게 말합니다.

"너는 최선을 다하지도 않고 울음을 터트리면 어떡하니?"

그러자 꼬마가 대꾸합니다.

"무슨 말씀이에요. 아빠, 저는 최선을 다했다고요!"

"애야, 넌 최선을 다하지 않았어. 왜 옆에 있는 아빠에게 도움을 청하지 않는 거니?"

그렇습니다. 주변에 있는 모든 걸 활용하는 것이 진정으로 최선을 다하는 것입니다. 그래서 저는 학생들에게 조금이나마 도움을 드리기 위해 요즘 유행하는 MBTI 성격별 수학 공부법을 알려드리려고 합니다.

I형과 E형의 수학 공부법

당연한 이야기지만 내성적인 I형은 독서실처럼 조용한 장소에서 혼자 공부하는 것이 도움이 됩니다. 이런 학생들은 선생님에게 직접 물어보는 것보다는 콴다나 EBS 동영상 강의를 보는 것을 추천합니다. 수학의 개념서 역시 혼자서 공부하기 유리한《완자》라는 학습서를 추천합니다. 수학 사전을 한 권 구비하는 것도 도움이 됩니다.

삶의 에너지가 외부로 향하는 E형은 친구들과 함께 수학 공부하는 것을 추천합니다. 함께 공부할 때는 문제가 많이 수록된《쎈수학》이라는 문제집이 도움이 될 것입니다. 모르는 문제를 친구에게 물어보면서 공부하기에 유리한 교재이기도 합니다.

N형과 S형의 수학 공부법

N형과 S형은 정보를 받아들이고 해석하는 방식에서 차이가 납니다. N형은 직관적이고 S형은 감각적입니다.

N형이라면 현실적 감각을 살려 선생님의 설명에 좀 더 주안점을 두는 학습법을 추천합니다. 교과서를 여러 번 반복해서 독파하는 공부법이 도움이 될 것입니다.

S형이라면 다양한 문제집을 구비해 자신만의 틀을 세워나가는 공부법을 추천합니다. 다만 다양한 문제집을 풀기 위해 너무 두꺼운 문제집은 피하도록 합니다. 초등학생이라면 더욱 유의해야 합니다.

T형과 F형의 수학 공부법

의사결정을 할 때 어느 부분에 더 중점을 두느냐에 따라 T형과 F형으로 나뉩니다.

T형은 타인과의 조화를 추구합니다. 이런 스타일의 학생이라면 타과목과의 조화를 둔 수학 공부에 시간을 배분하는 효율적인 수학 공부법을 추천합니다. 수학에 올인하는 학습법은 부담이 될 수 있습니다.

F형은 목표 지향적인 성격이므로 일단 완성하고 싶은 수학 단원이 결정되면 올인하는 학습을 추천합니다. 이런 성향은 이것 찔끔 저것 찔끔 하게 되면 수학 학습 효과가 반감될 수 있습니다.

J형과 P형의 수학 공부법

정리와 계획에 능숙한 J형과 유연하게 행동하는 P형으로 구분됩니다.

J형이라면 오답노트 활용이 도움이 됩니다. 수학 교과서 필기에도 중점을 맞춰주세요.

P형이라면 그날 컨디션이 좋은 상태라면 반드시 심화 문제에 도전하는 시간을 갖도록 해야 합니다. 최상의 컨디션에서 심화 공부를 하면 훨씬 효과적입니다.

S MBTI는 자신의 성향을 파악하는 유용한 도구입니다. 나의 수학 공부에 도움이 된다면 적극 활용해보세요.

초등 수학 vs. 중학 수학

초등 수학과 중학 수학은 확실히 느낌이 다릅니다. 초등 수학에서는 맥을 못 추다가 중학 수학에서 두각을 드러내는 학생들도 더러, 아니 제법 있습니다. 그건 초등 수학과 중학 수학의 온도차 때문이기도 합니다.

그런데 초등 수학을 잘하는 아이들은 그런 온도 차이를 별로 느끼지 않고 중학 수학도 잘합니다. 초등 수학을 잘할 정도로 열심히 하는 친구에게는 중학 수학이 더 깔끔하기 때문입니다. 초등 수학에서 표현하기 힘든 부분도 중학 수학에서는 '대수'가 등장하면서 말끔히 정리해주거든요.

안타까운 것은 초등 수학을 일찍이 포기한 학생은 깔끔한 중학 수학의 맛을 음미하지도 못한다는 사실입니다. 조금만 버티면 되는데 말입니다. 이건 모두 초등 수학의 과잉 학습이 낳은 폐해입니다. 분명 중학교에 올라가면 넘을 수 있는 장벽인데 괜히 초등학생 때 무리하다가 수포자가 된 것이죠. 잘 달리지 못하는 초등학생에게 맨날 뛰라고 하니까 정작 뛰어야 할 중학생 때 넌더리가 난 것입니다.

초등 수학에서 좀 힘들더라도 수학의 끈을 놓지 않은 학생은 중학 수학에서 충분히 반전의 기회가 생깁니다. 중2 때 수학에 대한 고비가 살짝 찾아오지만 이 또한 제대로 된 지도와 복습으로 충분히 극복할 수 있습니다.

중3 역시 중요한 시기입니다. 중3 여름방학과 겨울방학에 반드시 고등 수학 선행을 해야 합니다. 학습 방법은 앞에서 언급했듯이 수학 교과서 공부가 최고입니다. 《수학의 정석》은 좀 어려운 감이 있어요. 모의고사 형태의 문제가 실려 있어서 개인적으로 학습하기에는 좀 벅찰 수 있습니다. 그보다는 《개념원리 고등 수학》을 추천합니다.

S 중학교 시기를 열심히 보낸 학생이라면 입시 수학인 고등 수학의 길로 접어들 수 있습니다. 고등 수학의 공부법은 앞에서 많이 설명했으니 잘 참고하면 됩니다.

4장

✳

찐 수학 고수들은 이렇게 공부합니다

중1 때 떠난 순원이
재수생이 되어 돌아오다

저의 교육 방법에 싫증을 내고 떠났던 순원이가 다시 돌아왔습니다. 수능 시험 3개월을 앞두고 말이지요.

저는 암기해야 할 개념과 공식을 암기하지 않고 이해해야 한다며 버티는 아이들을 이해할 수 없었습니다. 초등, 중등, 고등을 떠나 모든 공식은 반드시 암기하도록 수업합니다. 왜냐하면 수학이라는 전쟁터에서 공식이나 개념은 하나의 무기이기 때문이지요.

개념을 암기하라고요? 그렇습니다. 개념도 암기해야 합니다. 드라마를 보면서 주인공의 이름을 외우지 않으면 내용을 파악하기 힘든 것처럼, 수학의 개념도 이해가 아닌 암기가 필요합니다.

초등 수학과 중등 수학을 가르치는 강사들은 개념은 이해해야 한다고 말하지만 고등 수학이나 대학 입시를 담당하는 강사들은 이 말에 절대 공감하지 않습니다. 물론 초등 수학은 일상생활에 적용할 수도 있습니다. 하지만 고등 수학의 삼각 정리와 같은 어려운 공식이나 개념을 주면서 일상생활과 연계시켜 활용해보라고 하면 아마 모두 두 손을 들 것입니다.

수학 공식은 수학적 활용에 쓰이는 것이지 일상생활에 활용하라고 만든 것이 아닙니다. 자동차 부품을 마차에 장착하는 꼴이지요. 아무튼 재미있는 수학 수업을 찾아 떠난 순원이는 만신창이가 되어 돌아왔습니다. 순원이의 사연을 전해 들어 알고만 있었는데, 순원이 어머니는 돌아와 저를 보면서 우셨습니다. 마음이 무척 아팠습니다. 순원이는 저와 함께 중학교 수학까지 신나게 달려가던 도중에 떠난 것이어서 아이의 재능이 아까웠습니다.

진짜 수학적 재능은 고등학생 때 발휘됩니다. 그전까지는 기계적인 수련의 과정일 뿐입니다. 그런데 현실은 어떤가요? 창의력을 기른다며 재미난 수업을 강조합니다. 이런 수학을 배워놓으면 고등학생 때 백발백중 망합니다. 재미를 강조하는 수학 수업이 무수히 늘어나고 있지만, 현실에서는 수포자가 훨씬 증가하고 있습니다. 통계는 거짓말을 하지 않습니다.

돌아온 순원이와 저는 3개월간 집중적으로 수학 9등급에서 5등급을 향해 달렸습니다. 장난이 아니었습니다. 충분히 가능한 일입니다. 수능을 공부해본 친구들은 이 정도의 성적 변화는 3개월이라도 가능하다는 것을 잘 압니다. 물론, 기초적인 내용을 암기하고 있는 학생에 한해서 그렇습니다. 다행히 순원이는 기본 공식은 다 져진 상태였습니다. 예전에 순원이가 중1 때 고등 수학 공식까지 맞보게 해주었기 때문이지요. 3개월은 이해 없는 암기의 연속이었 습니다. 나머지 기간은 기출문제를 외웠습니다. 단 3개월 동안 이 해에 시간을 투자할 여유는 없습니다. 전혀 이해가 안 되는 문제 는 풀이까지 외웠습니다. 천자문 암기식입니다. 킬러 문제는 그냥 넘겼고요. 어려운 4점짜리 문제도 버렸습니다.

방법은 단순했습니다. 무념무상으로 외워나갔습니다. 기출에 익숙해지면서 모의 테스트에서 가능성이 보이기 시작했습니다. 결국 바라는 등급을 달성했지요. 특수한 경우라고요? 천만에 말씀 입니다. 이런 경험을 한 학생들은 무수히 많습니다.

🎓 분명히 말합니다. 수학에서 재미나 개념 이해는 모두 거짓말입니다.

대희 아버지의 결단

대희는 강남에 살면서도 공부를 열심히 하지는 않았습니다. 저와 처음 만난 곳은 학원 뒤편의 놀이터 농구장이었습니다. 대희는 농구를 잘하는 학생이었습니다.

그렇게 알고 있던 대희가 아버지와 함께 학원에 찾아온 때는 중학교 2학년이 되던 해였습니다. 학교 성적은 70~80점 정도로 기억합니다. 대희 아버지는 이제 아들이 공부 좀 해야 할 것 같다면서 바로 성균관대 경시 대회 공부를 시켜달라고 했습니다. 아무 기초 지식도 없는 상황에서 바로 경시 대회 준비를 해달라고 말씀하셨습니다.

당시 저도 패기 넘치는 젊은이였습니다. 노력하면 못할 것이 없다고 믿던 시절이었지요. 게다가 대희의 성격에서 가능성을 발견하기도 했고요. 대희는 말 그대로 곰 같은 녀석이었습니다. 제가 잘못된 방법으로 가르쳐도 그대로 따라 했습니다. 시키면 시키는 대로 따라 하는 학생이었지요. 딱 3개월 열심히 준비해 성균관대 수학 경시를 봤습니다. 물론 아무런 성과를 내지 못했습니다. 당연한 결과였죠. 그렇게 몇 번 준비하는 과정에서 대희의 수학 실력은 학교 수학 수준을 훌쩍 뛰어넘었습니다.

대희 아버지가 서울대 출신이었기 때문에 어느 정도 예상하고 있었습니다. 마침내 대희가 중3이 되었을 때 성균관대 경시 대회에서 입상했고, 대희의 수학 실력은 어느새 중등 과정을 넘어섰습니다.

대희 아버지는 서울 대치동을 버리고 전주에 기숙사가 있는 고등학교로 대희를 진학시켰습니다. 이렇게 대희는 일타 강사들이 넘쳐나는 강남을 버리고 고등학교 기숙사에 틀어박혀 3년 동안 수십 종의 문제집과 씨름하며 공부했습니다.

3년 뒤에 대희가 저를 찾아와 이렇게 말했습니다. "선생님, 저 수능에서 수학 만점 받았습니다. 그리고 서울대 합격했어요! 고등학교 선생님은 잘 못 가르치셨어요. 하지만 기숙사에서 EBS 강의를 듣고 또 들은 게 정말 도움이 된 것 같아요. 감사합니다."

그렇습니다. 고등학생 시기는 자신의 공부를 다지는 숙성의 단계입니다. 대희는 지금 멋진 검사가 되어 충실히 일을 하고 있을 것입니다.

대희는 옛날에 자기가 썼던 문제집을 몽땅 가져왔는데 아마도 76권 정도되었던 것 같습니다. 수학 문제집만 그렇습니다. 곰 같은 녀석이 쑥과 마늘을 먹듯 문제집을 풀었던 것입니다. 아마도 중학생 때 준비한 한 단계 높은 수학 경시가 수학의 기초 체력을 잡아준 듯합니다.

S 대치동의 일타 강사보다 EBS 강사가 훨씬 나을 수도 있습니다. 여러 다른 강사들의 수업을 무료로 들으며 실력을 다져나갈 수 있다는 장점도 있고요.

예솔이의
수학 극복기

　예솔이 오빠는 언제나 성적이 전교 10등 안에 들었습니다. 반면, 예솔이는 반에서 상위권을 유지하고 있었죠. 예솔이 아빠는 가정 형편상 오빠만 밀어주고 예솔이는 집에서 알아서 공부하면 좋겠다고 했답니다.

　하지만 제가 보기에는 꼼꼼한 성격의 예솔이가 털털한 성격의 오빠를 공부에서 따라잡을 것만 같았습니다. 저는 예솔이 엄마를 설득해 예솔이의 꼼꼼함을 믿어보라고 했습니다.

　예솔이와 오빠는 1년 터울입니다. 서로 경쟁심이 만만치 않았습니다. 가르치는 강사들은 언제나 아이들의 특성을 잘 파악해야 합니다. 모두 동일한 방법으로 가르쳐서는 안 된다는 뜻이지요. 학부모님이 아이에 대한 이야기를 자주 해주면 가르치는 사람에게는 늘 도움이 됩니다.

예솔이 오빠는 너무 털털한 성격이 약점이 되어 결국 수학의 최종 성적은 2등급이었습니다. 꼼꼼한 예솔이는 비록 시작은 좋지 못했지만 수학 성적이 꾸준히 상승했습니다. 예솔이는 가끔 눈물을 그렁거리며 "선생님, 저는 수학머리가 없나 봐요"라고 말했습니다. 그러면 저는 "모두들 수학을 힘들어 해. 그리고 수학은 머리로 하는 게 아니라 끈기로 하는 거야"라며 격려했습니다. 마침내 끈기 있게 공부한 예솔이는 1년 후에 1등급을 얻게 됩니다.

보세요, 수학머리가 없어도 노력만으로 수학을 극복할 수 있습니다. 수학 1등급을 받은 학생이라고 쉽게 공부한 경우는 결코 없습니다. 수학은 그냥 되지 않습니다. 수학은 어느 정도 그릇이 차기 전까지는 안개처럼 보이지 않게 실력이 쌓여갑니다. 앞이 보이지 않는 안개 속에서 포기하는 친구들이 많습니다. 보이지 않는 두려움 속에서 손으로 더듬으며 완성해나가는 과목이 바로 수학입니다. 누구나 똑같습니다.

저는 그동안 거저 1등급이 탄생되는 경우를 한 번도 보지 못했습니다. 수포자들은 1등급을 받은 사람들의 눈물겨운 노력을 보지 못했을 것입니다.

"저는 수학머리가 없나 봐요"라는 예솔이의 말을 저는 100번도 넘게 들었습니다. 귀에 딱지가 내려앉을 정도로요. 그런데 말입니다. 제가 가르친 1등급에 이른 아이들은 누구를 막론하고 다 똑같은 하소연을 했습니다.

성장은 머리가 아니라 노력으로 가능하다는 사실을 예솔이가
증명해주었습니다.

⬆️ "도대체 수학이라는 것을 누가 만들었어요?" 수학 1등급을 받은 예솔이가
두 번째로 많이 한 말입니다. 누구에게나 수학은 어려운 과목입니다.

한 놈만 패는 철규

철규라는 학생이 있었습니다. 영어 과목은 언제나 상위권이었습니다. 암기 과목도 기가 막히게 잘했습니다. 어느 한 과목이라도 잘하는 것이 있으면 그 자신감으로 수학도 정복할 수 있다는 사실을 철규는 몸소 보여주었습니다.

사실 철규는 고2 때까지도 수학이 바닥권이었습니다. 그럼에도 결코 수학을 놓지 않았습니다. 늘《수학의 정석》을 옆에 끼고 살았습니다. 수업 중에도 누구보다 열심히 필기했습니다.

단지 성적만은 늘 바닥이었지요. 고3이 되어서도 성적은 나아지지 않았습니다. 그냥《수학의 정석》이 너덜너덜해질 정도로 보고 또 보았을 뿐입니다. 고3이 되어서도 수학을 포기하지 않은 철규를 보고 아이들은 뒤에서 놀려대기 시작했습니다. 지구상에서 가장 수학머리가 없는 아이라고요.

하지만 철규는 굴하지 않았습니다. 학교 성적은 나오지 않았지만 수학책을 파고 또 팠습니다. 그러다가 정말 놀라운 일이 벌어졌습니다. 수능에서 수학 만점을 받은 것입니다! 저도 진짜 많이 놀랐습니다. 너덜너덜해진 《수학의 정석》은 한 권이 아니었습니다. 나중에 안 사실이지만 철규는 같은 책을 일곱 권이나 가지고 있었습니다. 모두 다 너덜너덜해진 상태였지요.

수능 수학을 만점 받은 친구들을 보면 여러 종류의 문제집을 섭렵한 경우가 많습니다. 바닥에 쌓으면 허리 정도 높이까지 오는 문제집들을 고3 때 모두 풀어낸 친구들도 있습니다. 하지만 철규는 '한 놈만 팬다'라는 식으로 《수학의 정석》만 주구장창 팠습니다.

학원을 운영하면서 가끔 이런 유형의 학생을 봅니다. 한 가지 책을 골라서 파고 또 파다가 결국 수학 만점에 도달하더군요. 이런 유형은 특히 특목고 학생들 중에 많습니다. 철규는 지금 공무원 생활을 하고 있는데 일 처리 하나는 똑부러지게 잘할 것 같다는 느낌이 드네요.

📖 수학 공부 유형에는 여러 문제집을 섭렵하는 '일당백 유형'과 한 권의 문제집을 주구장창 파는 '한 놈만 패는 유형'이 있습니다. 원하는 유형을 골라보세요.

가려진 2인자
지영이의 등극

학원을 운영하다 보면 공부를 잘하는 아이에게 가려진 2인자의 슬픔을 놓치는 경우가 간혹 있습니다. 두 아이 모두 제가 초등학교 4학년부터 고등학생 때까지 쭉 지도해왔습니다.

제가 보기에는 둘 다 수학적 재능은 없었습니다. 하지만 엄마들의 재능은 극에 달해 있었지요. 아이 교육에 엄청 극성이었습니다. 언제나 남희는 전교 1등을 했습니다. 남희의 엄마는 한우리를 운영하고 있었기 때문인지 남희의 공부에 쏟는 열정이 남달랐습니다. 남희를 위해 따로 시간을 내주면 사례를 하겠다고까지 했으니까요. 당시 저는 수학 문제집 집필을 의뢰받아 원고를 쓰고 있던 상태라 시간을 따로 낼 수는 없었습니다.

아무튼 남희는 전교 1등을 거의 놓치지 않았습니다. 남희의 그림자처럼 따라다니던 한 아이는 지영이었습니다. 지영이는 남희 엄마가 운영하는 한우리를 다니면서 남희가 다니는 모든 학원을 따라 다녔지요.

남희와 지영이는 우리 학원에 같이 입학했습니다. 지영이는 자신이 모르는 내용은 끝까지 물어보는 스타일이었습니다. 아무리 사소한 것이라도 말이지요. 그래서 강사들은 지영이가 그렇게 특출하다고 생각하지는 않았습니다. 남영이의 질문과 지영이의 질문 수준이 너무 달랐기 때문입니다. 저도 두 사람이 공부를 잘한다는 것은 알고 있었지만 수학은 특출하다고 생각하지 않았습니다. 당시 둘이 다니던 학교 수학 문제 수준도 평이했고요.

남희와 지영이는 같은 중학교에 입학했고 둘 다 첫 시험에 엄청 신경을 썼나 봅니다. 예상대로 남희는 전교 1등을 했습니다. 그래서 학원에서도 축하 플랜카드를 하나 붙였지요. 그런데 그날 저녁 지영이 엄마로부터 항의 비슷한 전화를 받았습니다. "우리 지영이도 공부 잘합니다. 이번에는 전교 9등이지만 다음번에는 반드시 남희를 꺾을 테니 꼭 지켜봐주세요!" 하면서 저에게 섭섭한 감정을 내보였습니다.

나중에 알게 된 사실이지만 지영이 엄마도 남희가 살고 있는 아파트로 이사 갈 정도로 교육열이 남달랐습니다. 지영이 역시 조용한 성격이지만 속에는 남희에게 공부로 지고 싶지 않은 집념이 불타고 있었지요. 경쟁은 때로는 발전의 원동력이 되기도 합니다. 누군가를 마음속에 롤모델로 두고 경쟁을 하면서 스스로 발전하게 되는 것이지요.

들리는 소문에 따르면, 밤늦게 공부하는 남희의 방에 불이 꺼지면 지영이는 30분 더 공부하고 잤다는 말까지 있었습니다. 그렇게 지독하게 공부한 지영이는 딱 6개월 뒤 남희를 제치고 전교 1등이 되었습니다. 그 후 둘 다 1등을 번갈아가면서 차지하다가 고등학교를 진학합니다. 두 사람은 각자 다른 특목고에 진학하면서 치열한 경쟁도 대단원의 막을 내리게 되었지요.

경쟁이 참 무섭다고 생각하는 사람들도 있겠지만, 이건 경쟁을 어떻게 보느냐의 문제입니다. 어린 피겨 선수가 제2의 김연아를 꿈꾸며 열심히 연습한다면 그것을 어떻게 볼 수 있을까요? 저는 이렇게 생각합니다. 주변에 잘하는 친구를 경쟁 삼아 공부에 도전하는 것도 어린 시절에 성장을 위한 좋은 배움이라고 봅니다. 지나친 경쟁은 좋지 못하다고 하는데 그건 패배자들의 말장난일 뿐입니다. 수학 공부에서 지나친 정도의 기준은 뭘까요? 얼마큼 공부해야 지나치고 얼마큼 공부해야 지나치지 않은 건가요?

때로는 내 아이가 힘겨울 정도도 노력하는 것도 결국 나중에는 살아가는 데 피와 살이 됩니다. 주변에 함께 경쟁할 수 있는 친구가 있다는 것은 보이지 않는 길에 등불이 되어줄 수 있습니다. 우스갯소리로 "친구 따라 강남 대치동 간다"라는 말이 있습니다. 친구 따라 피시방 가는 것보다 훨씬 낫습니다.

내 아이의 학습을 위해 공부하는 친구들을 주변에 두도록 합시다. 학창 시절에는 후회 없이 공부해야 합니다. 그래야 그것이 추억이 되고 인생의 성장에도 도움이 됩니다.

　　빌게이츠는 이렇게 말했습니다. "학생의 본분은 공부이지 민족의식을 고취하거나 세상의 발전을 도모하는 것은 아니다." 학생들이 각자의 역할에 충실하다 보면 나머지는 때가 되어 이룰 날이 반드시 올 것입니다.

S 주변에 공부를 열심히 하는 친구를 많이 두어 서로가 서로에게 도움을 주면서 힘겨운 학창 시절을 잘 극복해나가도록 합시다.

국어가
약점이 된 지혜

　지혜는 어릴 때부터 시를 써서 입상한 문학 지망생이었습니다. 국어는 늘 백점이었습니다.

　하지만 신의 장난이었을까요? 수학은 완전 꽝이었습니다. 이 학원 저 학원 돌아다니다가 우리 학원까지 오게 되었습니다. 우리 학원 수학 강사가 지혜를 가르치다가 도저히 힘들다면서 저에게 도움을 요청했습니다. 그래서 제가 지혜를 지도해보았습니다.

　아, 지혜는 사람들이 말하는 전형적인 문과형 학생이었습니다. 사실 학교 수학은 문과와 이과를 구분할 정도는 아닌데 사람들이 이상하게 진입 장벽을 두려고 그렇게 만든 듯합니다. 공부를 잘하는 학생인 지혜가 유독 수학을 어려워하는 이유를 알아보았습니다. 지혜는 수학을 국어의 원수로 이해하고 있었습니다.

지혜는 수학적 개념을 수학적으로 이해하려는 것이 아니라 언어적으로 이해하려고 했습니다. 그래서 수학이 어려웠던 것입니다. 인수분해는 왜 해야 하는지 이유를 찾는 것이 아니라 인수분해는 이렇게 하는 것이라고 방법을 이해해야 합니다.

인수분해를 하려는 목적을 염두에 두면 생각의 늪에 빠집니다. 이런 방법으로 하면 저런 식으로 변형되는구나, 아 이런 변화가 생기는구나 하면서 재미를 느껴야 합니다. 그런데 지혜는 굳이 인수분해를 통해 문제를 해결해야 하는 이유가 뭔지 모르겠다고 생각했습니다. 이런 닫힌 마음이 수학의 개념들을 받아들이지 못하게 한 것입니다. 수포자가 된 학생들 중에는 문학적 감성이 강한 학생들이 제법 있습니다. 수학머리가 없어서가 아닙니다. 문학적 감성이 많아서 그렇습니다.

완전제곱식을 어떻게 활용해야 하는지 고민하기보다는 왜 그런 걸 배워야 하는지 이유를 찾다 보면 수학에서 점점 멀어져버립니다. 이런 사고가 생기는 이유 중 하나는 초등 수학을 배울 때 자꾸 수학을 일상생활과 연관시키는 버릇입니다. 수학의 뿌리는 철학, 즉 논리학입니다. 그리고 수학의 태생은 그렇게 하자고 하는 공리에서 출발했습니다. 그냥 하나의 약속일 뿐입니다. 다시 말해, 그렇게 하는 데 특별한 이유가 없다는 것입니다.

수학의 태생을 알지 못하는 비전공자 선생님들이 자꾸만 이상한 이유를 끌어다가 학생들에게 수학을 가르치니 학생들에게서 문제가 생겨나는 것입니다. 제발 초등 기초 수학에서 무언가를 억지로 이해시키려 하지 마세요. 이해를 강조하는 초등 수학이 결국 고등학생 수포자를 만듭니다.

지혜를 바로잡고 수학의 규칙을 상기시키는 데만 3개월이 걸렸고, 결국 지혜는 교대에 들어가서 초등학교 교사의 길을 걷게 되었습니다.

S 지혜야, 초등학교 교사가 되면 부디 초등 수학은 쉽다고 아이들에게 이해니 재미니 하는 식으로 가르치지 마라. 나중에 애들 고생한다. 제발 수학 자체의 특성에서 벗어나지 않은 수업을 해다오. 수학은 태생적으로 재미있는 과목이 아니란다. 그저 깨우치는 재미를 느끼게 하면 된다.

꿈과 목표가
확실한 지용이

　과학고에 진학한 지용이는 자기만의 확실한 꿈이 노력으로 연결된 케이스였습니다. 지용이는 초등학생 때는 별로 공부를 하지 않았지만 도서관에서 자신이 좋아하는 과학책은 무진장 많이 읽었습니다.

　지용이 어머니도 그런 지용이를 말리지 않았습니다. 다행히 학교 성적도 그렇게 떨어지지는 않았습니다. 물론 아주 잘하는 편도 아니었고요. 초등학교는 시험이 없으니 지용이의 실력이 어느 정도인지 판단할 수는 없었습니다.

　그러다가 중학생이 된 지용이는 첫 시험에서 크나큰 충격을 받게 됩니다. 지용이 어머니도 놀랐지만 지용이 자신도 충격이 만만치 않았습니다. 성적이 중위권으로 나왔기 때문입니다.

그 이후로 나는 지용이를 만나게 되었습니다. 지용이 어머니가 걱정하시자 저는 담담하게 지용이의 꿈을 물어보았습니다. 지용이는 과학고에 진학하고 과학자가 되는 것이 꿈이라고 했습니다.

나는 웃으면서 "그럼 그렇게 해야죠"라고 말했습니다. 지용이 어머니가 지금 성적으로 가능한지 물어보자 나는 이렇게 대답했습니다. "지금 성적으로는 불가능하지만 성적을 올리면 됩니다. 늦지 않았습니다. 경우에 따라서는 중2 때 마음을 잡고 특목고에 합격한 사례도 얼마든지 있으니까요." 그러자 지용이 어머니는 초등학생 때부터 준비하는 학생들도 있다는데 너무 늦은 거 아니냐고 묻자 저는 별 차이 나지 않는다고 말하며 이렇게 대답했습니다.

"지용이가 어떤 각오로 임하느냐에 따라 충분히 만회할 수 있습니다. 그리고 사실 초등학생 때 열심히 해봤자 성과는 그렇게 크지 않습니다. 사람은 망각의 동물이므로 초등학생 때부터 준비하면 오히려 비용만 더 들 뿐이지요."

중2부터 열심히 하면 괜찮습니다. 무엇보다 중요한 것은 아이의 태도입니다. 아이의 태도가 80% 이상입니다. 병은 의사가 20%를 고치고 나머지는 환자의 면역이 80%를 고친다는 말이 있습니다. 지용이는 확고한 꿈과 목표가 있기 때문에 저는 가능하다고 장담했습니다.

지용이는 과학고를 목표로 진짜 열심히 공부했습니다. 목표가 확실한 아이는 목표가 없는 아이와 성장 속도가 다릅니다. 슬럼프에 빠졌을 때도 목표가 있으면 빠르게 빠져나옵니다.

꿈과 목표가 확실한 아이들은 수학 공부도 금방 극복합니다. "너 커서 뭐하고 싶니?"라고 물어보면 바로 대답하지 못하는 아이들은 대체로 수학 성적도 좋지 못한 경향이 있습니다. 목표와 꿈이 수학이라는 어려운 과목도 이겨내는 힘이 됩니다. 과학고에 진학한 학생들 대부분은 확실한 목표를 가지고 있습니다.

마침내 지용이는 무난하게 자신이 바라던 과학고로 갔습니다. 수학 공부에 임하는 태도가 확연히 달랐으니 당연한 결과입니다.

🎓 수학 공부는 재능이 아니라 노력으로 하는 것입니다. 그 노력을 이끌어내는 것은 확고한 꿈과 목표이고요. 오늘부터 내 아이의 목표를 만들어주세요. 목표가 있는 것과 없는 것은 천지차이입니다.

엉덩이가 무거운
중하위권 윤철이

윤철이는 수학 성적이 중하위권이었습니다. 하지만 수학을 포기해서는 결코 바라는 대학에 가지 못한다는 사실을 형을 보고서 뼈저리게 느끼고 있었습니다. 저와 상담한 후 윤철이는 수학을 끝까지 포기하지 않기로 했습니다.

저는 윤철이에게 중학교 때는 수학의 기초가 조금 없어도 상관없다, 수학은 재능이 아니라 노력으로 하는 것이 아니다라고 재차 가르쳤습니다. 구구단과 사칙연산만 할 수 있어도 수학은 언제든 정복할 수 있다고 자신감을 불어넣었지요.

저는 윤철이와 목표를 세우고 전략과 계획을 짜며 공부했습니다. 일단 기초를 다시 다지는 것은 시간 낭비입니다. 다시 기초부터 공부한다고 완전히 다져지는 것이 아닐뿐더러 고등 수학과 연계시키려면 숙성의 시간이 필요합니다.

그래서 교과서 중심으로 윤철이가 모르는(아니 기억하지 못하는) 구멍 난 부분을 중학교 수준으로 쉽게 설명해주었습니다. 아마도 윤철이에게는 새로운 교과서를 만드는 작업이었을 겁니다. 이때 드는 시간은 낭비가 아니라 절대적으로 귀중한 시간입니다.

수학의 기초 실력이 쌓이는 시간은 개인마다 다르므로 전혀 조급하게 생각하지 말자고 다짐도 했습니다. 지금은 쉽게 이야기하지만 당시 과정은 너무나도 힘들었고 마음고생도 이루 말할 수 없었습니다.

천천히 쌓더라도 단단하게 쌓자는 것이 핵심 전략이었습니다. 수학은 절대적인 학습량이 필요하지만 한번 쌓이면 타 과목에 비해 실력이 상승하는 속도가 꽤 빨라집니다. 수학을 정복하고 나면 나머지 시간에 충분히 타 과목을 공부할 수 있습니다.

문과든 예체능이든 수학은 여전히 좋은 대학을 가는 데 중요한 요소입니다. 따라서 수학은 결코 미리 포기해서는 안 되는 과목입니다.

수포자들 중에는 제대로 수학과 싸워보지 않고 미리 겁을 먹은 채 포기하는 학생이 90% 이상입니다. 진정으로 싸워보고 포기해도 결코 손해 보는 장사가 아닙니다. 수학은 한번 정복하면 다른 과목에 비해 유효 기간이 오래갑니다. 아마도 수능 시험을 볼 때까지도 실력이 유지될 것입니다.

수학이 1등급인 학생 중에도 수학적 재능이 있는 아이들은 그렇게 많지 않습니다. 수학 1등급의 수학머리와 수포자의 수학머리는 깻잎 한 장 정도의 차이입니다. 진짜 차이는 엉덩이의 무게에 있습니다. 수학 1등급인 아이의 엉덩이는 바윗덩어리처럼 무겁지만, 수포자의 엉덩이는 솜사탕처럼 가벼웠습니다. 바로 여기서 차이가 난 것입니다.

엉덩이가 무거운 윤철이는 정말 열심히 노력해 자신이 바라던 수학 1등급을 달성했습니다. 지금은 여유롭게 웃으며 수학 별것 아니라고 말합니다. 수학에 도전하고자 하는 학생은 포기하지 말고 주변에 도움을 요청하세요. 해결책은 반드시 있습니다. 단단히 각오하고 끈기 있게 노력하면 됩니다.

🎓 수학머리라는 것은 없다. 수학엉덩이만 있을 뿐!

간절함으로
서울대에 합격한 영철이

영철이는 공부는 재능이 아니라는 사실을 몸소 보여준 대단한 학생입니다. 재능과 상관없이 지극한 간절함과 불타는 노력으로 서울대학교에 합격했습니다. 중학교 때 전교 꼴지였고 고등학교 때는 7등급의 성적으로 출발해 전교 1등까지 올라, 말 그대로 '인간 승리'를 이뤄냈습니다.

영철이는 집이 가난해 원룸에 다섯 식구가 옹기종기 모여 살았습니다. 중학교 때는 불량 친구들과 어울리며 술과 담배를 하는 학생이었지요. 불우한 가정 탓에 가출까지 서슴없이 했습니다. 그러던 어느 날 여동생과 함께 우연히 어머니의 은행 계좌 잔고 0원을 보고 충격을 받았지요. 그 후 영철이는 달라집니다.

마음을 다잡고 전문계 고등학교를 진학해 집안을 돕기로 결심

했습니다. 그런데 아뿔싸, 지금 성적으로는 전문계 고등학교조차 진학하기 어려웠습니다. 중학교에서 출석만 제대로 해도 진학할 수 있는 고등학교였는데도 말입니다.

또 한 번의 충격을 받은 영철이는 정말 제대로 정신을 차립니다. 그렇게 영철이는 중3 때부터 공부를 시작합니다. 영어는 알파벳만 겨우 외우는 수준이었고, 수학은 사칙계산만 가능한 정도였죠. 영철은 선생님이 주신 이면지를 활용해 교과서를 무작정 따라 쓰기 시작했습니다. 쓰고 또 쓰고 무려 50번 넘게 따라 썼습니다.

암기 과목 성적이 올라 전문계 고등학교에 진학할 수 있는 상황이 되었습니다. 영철이가 열심히 공부하는 모습을 지켜본 선생님은 인문계 고등학교에 진학할 것을 권유해 간신히 턱걸이로 일반고에 합격합니다.

일반고에 진학한 영철이는 하루 16시간 공부를 강행합니다. 모의고사 문제도 주구장창 풀어나갔습니다. 처음에는 틀리는 문제가 수두룩했습니다. 하지만 포기하지 않고 계속 공부했습니다. 서서히 정답을 맞히는 문제들도 나오기 시작했지요.

별다른 방법이 없었습니다. 학원에 갈 여력도 없었고 독서실에서 공부할 돈도 없었습니다. 편의점에서 아이스크림 하나 사서 거기서 공부하기도 했습니다. 그렇게 2년이 지나고 그동안 변화가 없던 성적이 서서히 오르기 시작했습니다. 너는 중학교 기초가 부족해 힘들다고 말하던 친구들의 조롱을 이겨내고 7등급이었던 성적이 가파르게 상승해 3등급까지 오르게 되었습니다. 성적이 한번 오르기 시작한 후로는 오르락내리락 반복하다가 마침내 3개월 후에는 1등급을 획득했습니다.

마침내 영철이는 학생부 종합 전형으로 서울대에 당당히 합격합니다. 정신을 차리고 가족을 돕겠다는 간절함이 이뤄낸 쾌거입니다.

🎓 영철이는 조금 노력하다가 수포자가 되는 아이들에게 큰 귀감이 됩니다. 다른 사람이 해냈다면 나도 해낼 수 있습니다.

불가능을
가능으로 만든 재훈이

체육을 전공한 재훈이가 공부로 서울대를 들어간다는 것은 거의 불가능한 일이었습니다. 재훈이는 운동을 하다가 다치는 바람에 특기생으로 진학하는 것이 힘들게 되었습니다. 하지만 운동을 할 때 남다른 승부욕을 보였던 재훈이는 수능 2개 과목에서 4등급 이상의 성적을 거두면 서울대학교 체육교육과에 진학할 수 있다는 사실을 알게 되었습니다.

재훈이는 수능 4개월을 앞두고 끈질기게 선생님과 친구들에게 정보를 물어보며 공부해나갔습니다. 결코 불가능하다고 생각하지 않았습니다. 재훈이는 반드시 해낸다는 각오로 불가능에 도전했지요.

불가능을 모르는 집념은 결국 결실을 맺으며 재훈이는 당당히 서울대학교 체육교육과에 입학합니다. 정말 이런 일이 일어나는 것을 보면 인간에게는 불가능한 일이 없는 것 같아 보입니다. 수포자는 멘탈의 실패일 뿐이지 실제로 노력하면 절대 생기지 않을 단어입니다. 만약 공부 시간을 계산하는 기계가 있다면 수포자들이 수학 공부에 들인 시간이 얼마나 되는지 재서 수학을 정복한 친구들의 공부량과 비교해보고 싶습니다.

정말 치열하게 공부하다가 끝내 수포자가 된 것인지 궁금합니다. 아마도 수포자가 수학에 투자한 시간은 수학을 해낸 아이들이 투자한 노력의 만 분의 1도 되지 않을 것입니다. 제대로 공부해도 되지 않아 수포자로 전락한 친구들은 몇이나 될까요?

수학을 탓하는 사회에도 문제가 있는 것 같습니다. 결국 해내는 친구들이 있는데 말입니다. 안 해서 포기하는 것입니다. 수학 교과서를 50번 이상 베껴 써본 경험이 있는지 묻고 싶습니다.

아버지의 사업 실패로 기초 생활 수급자가 된 가정에서 공부한 종훈이는 학원 근처에도 가본 적이 없습니다. 하지만 종훈이는 가난한 생활을 벗어나기 위해 꼭 대학에 가겠다고 결심합니다. 가더라도 좋은 대학을 가야만 가난한 환경에서 벗어날 수 있다고 생각했습니다. 그래서 서울대를 목표로 두었습니다. 종훈이는 서울대 입학 전형 중 지역 균형 선발 전형을 노렸습니다.

종훈이는 지방에 살고 있으니 한번 도전해보기로 했습니다. 종훈이가 공부한 시간과 방법은 상상을 초월할 정도였습니다. 밥 먹고 화장실 가는 시간 말고는 무조건 공부에 올인했습니다. 마치 사법고시를 치른다는 각오로 공부했지요. 코피를 한 가마니 쏟았다고 너스레를 떨기도 합니다.

주변에서도 종훈이를 도와주지 않았습니다. 친척들마저 종훈이는 가난한 가정을 도우려면 나가서 돈을 벌어야지 공부가 웬 말이냐며 핀잔을 주었습니다. 친구들 역시 서울대는 어림도 없다고 말했습니다. 그럴수록 종훈이의 각오는 더 단단해졌습니다. 어릴 적부터 한번 정한 것은 절대 포기하지 않는 승부사였습니다.

아시다시피 서울대는 그렇게 호락호락한 대학이 아닙니다. 결국 종훈이는 주변의 눈치를 보며 재수를 합니다. 그간의 마음고생은 이루 말할 수 없었습니다. 하지만 묵묵히 뒤에서 믿어주신 어머니의 굵은 손마디를 보며 종훈이는 1년 뒤에 서울대학교에 당당히 입학합니다. 따갑던 주변의 시선도 어느새 따뜻하고 존경 어린 시선으로 바뀌었습니다.

🎓 냉정한 말이지만 세상은 결과에만 관심을 가집니다. 여러분도 목표를 정하고 꼭 이루세요. 내가 변하면 세상도 변합니다.

덕질하다가
서울대에 들어간 희영이

    희영이는 중학생 때까지 중간 등수 정도의 성적을 유지한 학생입니다. 중간고사나 기말고사 때 공부를 하긴 했지만 성적은 시원찮았습니다. 그러다가 우연히 헌책방에서 장승수의 《공부가 가장 쉬웠어요》라는 책을 구입했습니다.

    그 책이 희영이에게 목표를 세워줄 거라고는 아무도 몰랐을 것입니다. 장승수는 집안이 가난해 공사판에서 일하면서 주경야독으로 서울대에 입학한 입지전적인 인물입니다. 그 후 사법고시에 합격해 지금은 로펌에서 변호사 생활을 하고 있습니다.

    공부가 가장 쉬웠다고 말하는 이유는 정말 공부가 쉬워서 그런 것이 아닙니다. 어려운 환경에서 힘들게 고된 일을 하다 보니 그나마 공부가 가장 쉬웠다는 아이러니한 말입니다. 결핵과 투병하며 공사판에서 일하는 어려움에 비하면 공부는 그야말로 쉬운 일이었죠.

장승수라는 인물을 접한 희영이도 목표를 세웁니다. 서울대라는 거대한 목표 말입니다. 하지만 희영이에게 가장 큰 걸림돌은 언제나 수학이었습니다. 희영이는 이른바 연예인 덕질을 하는 습관이 있었는데요. 그 덕질의 방향을 '연예인'에서 '수학'으로 옮기기로 했습니다.

그날부터 희영이는 수학을 잘하는 친구가 가지고 있는 수학책을 확인하고 모두 사 모았습니다 친구의 필기도 똑같이 베껴 쓰기 시작했습니다. 수업 시간에는 선생님의 말씀을 한 자도 빼먹지 않고 받아 적었습니다.

도서관에 가서 수학책이라는 수학책은 몽땅 읽겠다는 각오로 무지막지하게 읽어나갔습니다. 수학에 미쳐야 수학을 잡을 수 있다고 생각했습니다. 모르는 문제가 나오면 수학 공부 앱 '콴다'를 찍어 여러 풀이법을 찾아서 정리했습니다. '수학의 동의보감'을 만들겠다는 각오였지요.

희영이의 덕질 중에는 EBS에 나오는 모든 수학 선생님의 강의를 전부 듣는 것도 있었습니다. 목표를 세우고 이해하든 이해하지 못하든 모조리 듣고 또 들었습니다. 그렇게 수학의 덕질을 1년 정도 하자 드디어 수학에 눈을 뜨기 시작했지요.

그 뒤로는 학교 수학이나 수능 수학쯤은 식은 죽 먹기였습니다.

우리도 학창 시절에 초등학생 때 어려웠던 문제가 중학생이나 고등학생이 되어 다시 보면 쉬워 보이잖아요? 수학의 덕질이 희영이를 그렇게 만든 것입니다. 희영이는 마침내 목표로 정한 서울대에 진학했습니다.

🎓 공부는 한 차원 높여야 극복이 됩니다. 희영이의 덕질은 수학을 한 차원 높게 볼 수 있도록 만들었습니다. 그리고 난공불락의 수학을 깨부수었습니다. 목표를 세우고 덕질을 하십시오.

전국 1등은
수학을 어떻게 공부할까?

전국 1등이 누구라고 밝히지 않고 수학 공부의 비밀만 소개하겠습니다. 일단 학습량의 목표를 세웁니다. 그다음 시간을 계산하기 위해 목표량을 세분화합니다. 최대한 잘게 나누는 것이 관건입니다. 공부는 한정된 시간을 최대한 효율적으로 활용해야 하므로 시간별로 세분화하는 작업이 중요합니다.

또한 전체 목표도 반드시 세워야 합니다. 이 학생은 서울대도 목표였지만 수능 만점도 목표였습니다. 목표를 어떻게 설정하느냐에 따라 공부량과 마음가짐도 달라집니다. 이것이 목표의 힘입니다. 남다른 목표가 남다른 결과를 만듭니다.

계획은 언제나 공부의 총량을 늘리는 방향으로 잡아야 합니다. 물론 말처럼 쉽지 않습니다. 게임의 목표가 1등이라면 게임 자체도 전혀 즐겁지 않을 것입니다. 무언가를 성취한다는 것은 결코 쉬운 일이 아닙니다. 하지만 그 성취감은 살면서 큰 힘이 됩니다. 언제든 한번 성취해본 경험은 다른 일을 할 때 자신감의 밑거름이 되지요. 어떤 과목을 잘하는 친구들이 대체로 다른 과목도 잘하는 것도 같은 맥락에서 보면 됩니다.

전국 1등에게도 수학은 결코 쉽지 않은 과목이었습니다. 우선 한 학기의 수학 공부 계획을 세웠습니다. 《수학의 정석》을 6개월 간 일곱 번 풀기로 한 것입니다. 그런 다음 계획을 이루기 위한 전략을 철저하게 세웠습니다. 월 단위로 계획을 세우고, 다시 주간 단위를 세분화시키고, 다시 일 단위로 세부적인 시간 계획을 세웠다고 합니다.

그리고 이 학생을 성공으로 이끈 것은 항상 철저한 실행이었습니다. 말로만 세우는 계획이 아니었습니다. 피눈물 나는 자신과의 싸움이 뒷받침되었습니다. 그는 다른 사람과의 경쟁은 자신과의 싸움에 비하면 아무것도 아니라고 말합니다. 다른 사람과의 경쟁은 중단하면 그걸로 끝나지만 자신과의 싸움을 중단하면 결국 지는 것입니다.

그렇게 3년간 《수학의 정석》을 파고 또 팠습니다. 그러자 비로소 수학의 길이 열리기 시작했습니다. 전국 1등이라고 하더라도 수학은 결코 만만한 과목이 아닙니다. 수포자들은 이걸 보며 교훈을 삼아야 합니다.

수학은 누구에게나 힘든 과목이고 자기 자신과 싸워야 하는 과목입니다. 전국 1등은 말합니다. 수포자들의 대부분은 싸워보지도 않고 미리 포기한 자들이라고요. 그 학생은 닳고 닳은 《수학의 정석》을 보여줍니다. 하도 반복해 풀다 보니 손 떼 자국으로 색이 변하는 걸 보면서 쾌감을 느꼈다고 합니다.

S 철저하게 세분화된 공부 계획을 실천하면 수학을 정복할 수 있습니다. 전국 1등의 공부 비법이기도 합니다.

상철이의
선택과 집중

서울대로 진학한 상철이의 수학 공부법은 조금 남달랐습니다. 상철이는 수학 시험을 준비할 때 모든 문제를 풀겠다는 전략을 세우지 않았습니다. 어찌 보면 합리적이지만 어떻게 보면 요령을 부리는 듯한 방법입니다.

이번 수학 시험을 앞 반 수학 선생님이 출제했다면 다음 시험은 뒷 반 선생님이 출제할 것을 예상하고 특화된 방식을 선택해 공부합니다. 최대한 노력을 적게 들이면서 등급 상승을 노리는 전략입니다.

하지만 치밀한 전략이 실패를 가져오는 경우도 있었습니다. 이런 습관이 몸에 배어 시험 시간에 쫓기듯 문제를 풀다 보니 오히려 독이 되었으니까요. 그래서 상철이는 다시 강약을 조절하는 공부법으로 전략을 바꿉니다.

상철이도 학습 요약 노트를 만들었는데, 다른 아이들과 확실한 차별점이 있었습니다. 요약 노트를 예쁘게 만들거나 요약 노트를 위한 요약을 하지 않았습니다. 철저히 내가 모르는 것만 적어놓는 나를 위한 맞춤형 요약 노트를 만들었습니다. 상철이만의 요약 노트였죠.

아주 좋은 방법입니다. 요약 노트는 다시 볼 생각으로 만들어야 하니까요. 남에게 보여주기 위한 요약 노트는 필요 없습니다. 어떤 학습법 책에는 요약 노트를 예쁘게 쓰는 요령을 다양하게 소개하고 있습니다. 이런 요약 노트를 만들다가 시험 기간이 다 끝날 것 같아 보였습니다.

상철이는 여러 권의 수학 문제집을 푸는 것보다 한 권의 문제집을 여러 번 푸는 방법을 택했습니다. 어느 방법이 옳다고 말할 수는 없지만 상철이는 자기만의 소신이 있었습니다. 반복을 통해 자기 것으로 만들지 못하면 여러 권의 문제집을 풀 이유가 없다는 것입니다. 수학 문제는 특성상 한 번 푼다고 완전히 소화되는 것이 아닙니다.

상철이는 또한 수학은 암기를 통해 응용력과 문제 해결력도 생긴다고 믿었습니다. 여러 문제집을 풀기보다 한 권의 문제집을 통으로 외워 다양한 문제에 대한 응용력을 키우는 전략을 선택한 것입니다.

응용력은 새로운 문제 유형을 풀어서 생기는 것이 아닙니다. 기존 문제를 여러 번 반복해 풀다 보면 뭔가 눈이 뜨이게 됩니다. 그리고 하늘 아래 새로운 유형도 없고요.

한 권의 문제집을 반복해서 풀어보세요. 응용력과 문제 해결력이 길러지는 지름길입니다.

수학을 능숙하게 다룬
초고수 성대

제가 지금까지 본 학생 중에 성대는 수학을 최고로 잘 다루었습니다. 성대는 수학 문제를 무턱대고 그냥 풀지 않았습니다. 문제를 마주하면 항상 문제 풀이의 '키'를 찾는 일부터 했지요. 즉, 이 문제가 무엇을 감추고 무엇을 가르쳐주는지 먼저 파악했습니다. 실마리를 찾는 연습을 매번 하고 있었습니다. 반복되는 연습을 통해 능력을 길러냈습니다.

일반적인 수학 고수들과는 또 다른 차원의 길입니다. 응용문제도 실마리를 가지고 있다고 생각했습니다. 그렇다고 성대가 모든 문제를 그렇게 접근한 것은 아닙니다. 깊은 사고력을 요하는 심화 문제나 킬러 문제만 그렇게 접근했습니다.

성대는 패턴을 인식해야 한다고 생각했습니다. 모든 문제에는 저마다 패턴이 존재한다고 생각한 것이지요. 나름 일리가 있어 보입니다. 현재 15년간의 출제 경향이나 킬러 문제들을 살펴보면 실제로 패턴의 역사를 보이기 때문이죠. 사람들은 그것을 출제 경향이라고 부릅니다. 고난도 수학에서는 출제 경향 파악이 아주 중요합니다.

패턴을 인식하려면 기본적으로 수학의 목차를 꿰뚫고 있어야 합니다. 일반적인 학생들은 시키는 대로 차곡차곡 따라서 공부한다면, 성대는 전체 목차를 파악한 후에 본격적인 수학 공부에 들어갔습니다.

또한 성대는 자신이 찾은 문제의 키가 맞는지 풀이집을 통해 꼭 확인하는 작업을 거쳤습니다. 자신이 찾은 실마리가 출제자의 의도와 일치하는지 확인하는 작업이기도 합니다. 보통은 출제자의 풀이와 다르게 풀면 수학의 풀이법은 여러 가지가 있다며 천재성을 과시합니다. 하지만 성대는 결코 그런 것을 용납하지 않았습니다. 철저히 출제자의 의도와 실마리를 맞추려고 했습니다. 그 출제자가 학교 선생님이든 모의고사 출제 위원이든 수능 출제 위원이든 말입니다.

성대는 수학의 초고수였지만 언제나 배움의 자세를 견지하고 있었습니다. 여전히 자신은 배워야 할 것이 많다고 생각하는 듯 보였습니다. 그래서 풀이집을 통해 왜 이런 방법을 구사했는지 생각하며 추적하는 작업을 했습니다. 때로는 문제와 문제 풀이를 앞에 두고서 한참을 생각하기도 합니다. 문제를 많이 푸는 것보다는 한 문제를 깊이 파는 습관도 가지고 있었습니다.

성대는 평소에 400문제를 푸는 것보다는 100문제를 네 번 푸는 것을 선호한다고 말했습니다. 물론 성대가 하루에 푸는 문제의 양은 적지 않았습니다. 그러면서도 반복해서 푸는 습관을 가지고 있었지요.

풀이집에서 이해되지 않는 부분은 끊임없이 해결책을 찾고 모르는 부분을 알아내려고 했습니다. 성대의 질문에 쩔쩔매는 선생님의 모습이 떠오릅니다. 모르는 부분이 생기면 자신이 돌아가서 다시 학습해야 할 지점이라고 생각했지요.

🎓 수학의 초고수 성대의 책상 위에는 이렇게 적혀 있었습니다. "수학 공부는 차곡차곡 벽돌을 쌓아가는 것이다."

2부

수학 고득점을 위한 25계명

제1계명

수학은 암기 과목이다

"닭이 먼저냐, 달걀이 먼저냐?"

과학계에서 떠도는 말입니다. 결론을 내고 싶지도 않고 나지도 않는 말입니다. 이처럼 수학계에서도 떠도는 말이 있습니다. "수학은 철저한 이해냐, 구조적 암기냐?" 많은 이견이 있지만 결론은 분명합니다. 입시를 잘 치른 선배들에게 물어보면 알 수 있습니다.

승자들의 수학은 언제나 유형별 개념별 구조적 암기였습니다. 개념도 암기하고 유형도 암기합니다. 수학은 과학으로 통하는 언어입니다. 언어는 기본 사항이 암기되지 않으면 이해할 수 없는 구조입니다.

저나 우리 동료들은 "입시 수학은 암기 과목이다"라고 정의합니다. 대부분 수학 전공자들도 암기라고 주장합니다. 반면, 수학을 이해 과목이라고 말하는 사람들은 주로 비전공자들이지요. 이상하게도 고등 수학을 접해보지 않은 수학 교육 종사자들이 왜 수학을 암기하면 망한다고 말하는지 모르겠습니다. 어떤 근거로 자신감 있게 말하는지 정말 묻고 싶네요. 당신들은 고등 수학의 킬러 문제를 지도해본 적 있습니까?

고등학생이 되면 모의고사 형태의 문제를 접하게 됩니다. 처음 본 아이들은 하나같이 깜짝 놀랍니다. 별천지의 문제 형식이니까요. 1번부터 12번까지는 무난하다가 갑자기 혀를 내두를 만한 킬러 문제들이 나옵니다.

잠시 킬러 문제 하나를 보겠습니다.

최고차항의 계수가 1인 삼차함수 $f(x)$에 대하여 실수 전체의 집합에서 정의된 함수 $g(x) = f(\sin^2 \pi x)$가 다음 조건을 만족시킨다.

> (가) $0 < x < 1$에서 함수 $g(x)$가 극대가 되는 x의 개수가 3이고, 이때 극댓값이 모두 동일하다.
>
> (나) 함수 $g(x)$의 최댓값은 $\dfrac{1}{2}$이고 최솟값은 0이다.

$f(2) = a + b\sqrt{2}$ 일 때, $a^2 + b^2$의 값을 구하시오. (단, a와 b는 유리수이다.) [4점]

$$* * *$$

출제 의도: 합성함수의 미분법을 이용하여 삼차함수를 구할 수 있는가?

정답 풀이:

$$g(1-x)=f(\sin^2\pi(1-x))$$
$$=f(\{\sin(\pi(\pi-\pi x)\}^2)$$
$$=f(\sin^2\pi x)$$

이므로 함수 $y=g(x)$의 그래프는 직선 $x=\dfrac{1}{2}$에 대하여 대칭이다.

또 $g'(x)=f'(\sin^2\pi x)\times2\sin\pi x\times\pi\cos\pi x$

이때, $0<x<1$일 때, $\cos\pi x=0$에서 $x=\dfrac{1}{2}$이므로 함수 $g(x)$는 $x=\dfrac{1}{2}$에서 극값을 가져야 한다.

한편, $0<x<\dfrac{1}{2}$일 때, $0<\sin^2\pi x<1$이므로 조건 (가)를 만족시키려면 함수 $f(x)$는 $0<x<1$에서 극댓값과 극솟값을 가져야 한다.

또, 조건 (나)에서 함수 $g(x)$의 최댓값이 $\dfrac{1}{2}$이므로 함수 $f(x)$는 $x=1$에서 $\dfrac{1}{2}$이어야 한다.

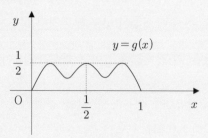

이때, 함수 $f(x)$의 최고차항의 계수가 1이므로

$f(x) - \dfrac{1}{2} = (x-a)^2 (x-1) \ (0 < a < 1)$ 이라 놓으면

$f(x) = (x-a)^2 (x-1) + \dfrac{1}{2}$

$\begin{aligned} f'(x) &= 2(x-a)(x-1) + (x-a)^2 \\ &= (x-a)(2x-2+x-a) \\ &= (x-a)(3x-a-2) \end{aligned}$

함수 $f(x)$는 $0 \leq x \leq 1$에서 최솟값 0을 가져야 하므로 구간 $[0,1]$에서 함수 $f(x)$의 최솟값을 알아보면

(i) $x = a$ 또는 1에서 $f(a) = f(1) = \dfrac{1}{2} > 0$

(ii) $x = \dfrac{a+2}{3}$에서 $0 < a < 1$이므로 $-1 < (a-1)^3 < 0$이고

$f\left(\dfrac{a+2}{3}\right) = \left(\dfrac{a+2}{3} - a\right)^2 \left(\dfrac{a+2}{3} - 1\right) + \dfrac{1}{2} = \dfrac{4(a-1)^3}{27} + \dfrac{1}{2} > 0$

(i), (ii)에서 구간 $[0,1]$에서 함수 $f(x)$는 $x = 0$에서 최솟값 0을 가진다.

$f(0) = -a^2 + \dfrac{1}{2} = 0$ 따라서 $0 < a < 1$이므로 $a = \dfrac{\sqrt{2}}{2}$

그러므로

$f(x) = \left(x - \dfrac{\sqrt{2}}{2}\right)^2 (x-1) + \dfrac{1}{2}$ 이고

$f(2) = \left(2 - \dfrac{\sqrt{2}}{2}\right)^2 + \dfrac{1}{2} = \left(4 - 2\sqrt{2} + \dfrac{1}{2}\right) + \dfrac{1}{2} = 5 - 2\sqrt{2}$

따라서 $a = 5, \ b = -2$이므로 $a^2 + b^2 = 5^2 + (-2)^2 = 29$

정답: 29

선생님들도 이런 문제를 풀이하는 데 20분 이상 걸립니다. 숨이 넘어갈 지경입니다. 왜 킬러 문제라는 이름이 붙었는지 알 것 같습니다. 이 한 문제로 상위권 3%를 결정합니다. 수능에서는 킬러 문제 1개와 준킬러 문제 2개가 등장합니다. 이렇게 3개의 문제가 대학 입학의 향방을 결정하지요

대부분의 학생들은 대학 입시를 위한 수학을 공부하고 있습니다. 분명히 수학자가 목표인 사람은 거의 없다는 말입니다. 수학과 지망생 중에도 대다수는 학교 선생님이 목표지요. 이런 문제들을 전문적으로 지도한 경험이 있는 선생님들은 수학이 이해 과목이라는 말을 결코 하지 않습니다.

이런 킬러 문제들은 어떻게 해결해야 할까요? 일단 몇 년간의 수능 모의고사 문제를 분석해 패턴과 구조를 암기해야 합니다. 그래야 이 문제를 시간 안에 해결할 수 있습니다. 수능 시험은 정해진 시간 안에 풀어야 하는 제한된 시험입니다. 이 방법 외에는 해결책을 찾기 힘듭니다.

이해가 아니고 암기라고요? 네, 맞습니다. 암기가 되어 있어야 위와 같은 문제를 시간 안에 풀어낼 수 있습니다. 패턴과 구조에 대한 암기가 되어 있지 않으면 킬러 문제는 아무리 수학자라고 해도 시간 안에 풀 수 없습니다. 이해를 통해 해결하기에는 시험 시간이 넉넉하지 않습니다. 이것이 바로 입시 수학의 구조적 결함이지만 부인할 수 없는 현실입니다. 그래서 우리는 입시 수학을 암

기 없이 해결할 수 없다고 주장하는 것입니다.

이제 적을 알았으니 나를 알아야 합니다. 우리는 분명히 해결책을 제시할 수 있습니다. 참 무서운 수학이지만 아직 우리에게는 해결할 시간과 방법이 충분합니다. 방법은 단순합니다. 문제를 보자마자 달려들 수 있도록 철저히 풀이 과정과 해결 수단을 암기해서 적용하면 됩니다.

'암기'라는 표현에 아직도 불신감이 든다면, 그것은 암기에 따르는 고통에 대한 두려움이자 책임 회피입니다. 그러나 해내는 학생들이 꾸준히 늘어나고 있습니다. 출제자 역시 비슷한 유형을 참고하기 때문에 문제 스타일이 크게 벗어나지 않지요. 특성상 암기하고 반복하다 보면 반드시 해결되는 시험입니다. 물론 포기한 자에게는 일말의 해결책도 없지만요.

🎓 입시 수학은 암기입니다. 암기하는 노력으로 결실을 맺으세요. 누구나 노력하면 외울 수 있습니다. 충분히 가능성이 있습니다.

제2계명

끈기를 이기는 재능은 없다

학부모님은 자녀가 수학 공부를 못하면 '날 닮아 수학머리가 없나 보다'라고 생각합니다. 지금부터는 절대 그런 부정적인 생각은 하지 마세요. 이 지구상에 수학머리라는 것 자체는 없습니다. 200년 전 사람이 지금 아이들이 수학 공부 하는 것을 보면 뭐 저런 천재가 다 있나 할 것입니다. 수학 실력은 상대적인 것입니다. 이 상대적인 감각도 재능이 아니라 노력에 따라 생겨난 것입니다.

잘 생각해보세요. 수학을 잘하는 아이들을 보면 수학 공부의 양이 어마어마합니다. 비법은 단지 그것뿐입니다. 지금 수학을 잘하는 아이는 그만큼 어렵고 힘든 과정을 거쳤습니다. 남들이 보지 못했을 뿐이죠. 물론 수학만 그런 것은 아닙니다. 세상에 공짜는 없으니까요.

이 사실은 제가 오랜 현장 경험을 통해 데이터가 축적된 결과로 얻은 것입니다. 한 아이는 스스로 끈기 있게 질문을 만들며 공부했습니다. 당연한 것도 안 받아들이고 사서 고생을 하더라고요. 진짜 수학머리가 없나? 이런 의심이 들 정도였습니다. 게다가 너무 자주 까먹어서 가르치는 제가 짜증이 다 날 정도였습니다. 자기도 그런 게 싫었는지 계속 노트에 썼습니다. 그런데 웬걸요. 고등학생이 되면서 상위 3% 안에 들어야 받는 1등급을 얻어냈습니다.

이것을 직접 목격한 저는 생각했습니다. 저 정도의 노력을 가지면 재능과 상관없이 1등급을 받을 수 있구나. 수학은 재능이 아니라 끈기의 과목이구나. 그러면서 수학을 못하는 아이는 다른 과목도 못한다는 사실을 발견했습니다. 머리가 나빠서 그런 게 아닙니다. 그것은 핑계에 불과하고요. 노력이 부족한 것입니다.

공부 1등 하는 아이들도 머리가 특별하지는 않습니다. 머리가 특별한 아이일수록 오히려 공부를 열심히 하지 않습니다. 20년 동안 아이들을 가르치면서 공부는 머리가 아니라 노력으로 하는 것이라는 사실을 깨달았습니다. 머리 좋은 아이들은 놀기를 좋아하고 공부를 싫어합니다. 그래서 수학은 절대로 머리 좋은 아이에게 유리한 과목이 아닙니다.

수학은 끈기 있는 아이에게 좋은 점수를 허락하는 과목입니다. 수학 잘하는 아이들의 질문을 받아본 적이 있나요? 전혀 수학적인 질문이 아닙니다. 때로는 어이없는 질문도 던집니다. 질문은 학습의 양에 비례해 생겨납니다. 공부 안 하는 아이는 질문 자체를 하지 않습니다. 공부한 게 있어야 궁금한 게 생기지요. 그냥 무턱대고 수학이 싫다고 합니다. 핑계일 뿐입니다. 이 말에 동조하는 학부모님은 자녀에게 '수포자'라는 수학의 탈출구를 만들어주는 셈입니다.

정말 단순합니다. 수학을 못하는 것은 공부를 안 하기 때문입니다. 수학을 잘하는 아이들도 수학을 배울 때 힘이 듭니다. 그 과정을 이겨낸 아이들이 수학을 잘하는 것입니다.

🎓 수학 공부에 공짜는 없습니다. 수학 잘하는 아이들의 학습량을 보면 왜 잘하는지 알게 될 것입니다. 내 아이가 수학을 못하면 일단 학습량부터 체크해보세요. 학원을 옮겨 다닌다고 해결되지 않습니다. 수학에는 왕도가 없습니다.

수학 100점은
90점보다 두 배 이상 공부한다

고기도 먹어본 놈이 맛을 안다고, 수학도 100점의 맛을 느껴본 학생이 그 맛을 압니다. 물론 90점이나 100점이나 별 차이 없어 보입니다. 하지만 100점을 받기 위해 쏟은 에너지의 양과 90점에 투입되는 에너지의 양은 차원이 다릅니다.

초등학생에게 100점은 하나의 완성된 경험 치입니다. 90점에는 90점에 해당하는 노력이 투입된다면 100점에는 100점 이상의 완벽한 노력이 필요합니다. 연습도 많이 해야 하고 문제집도 종류별로 풀어봐야 합니다. 이런 절대적인 경험 치가 나중에 고학년이 되었을 때도 흔들리지 않는 수학의 주춧돌이 되어줍니다.

학부모님이 아이와 함께 100점에 도전하는 일은 하나의 추억과 보람으로 남을 것입니다. 그러니 수학 성적에 부담이 없는 초등학교 시기에 꼭 도전해보길 바랍니다. 중학교 이상부터는 이런 도전이 오히려 독이 될 수도 있습니다. 더군다나 학습 의욕이 떨어진 시기라면 더욱 그렇습니다.

하지만 내 아이가 수학을 제법 한다면 중학생 때도 100점에 도전해볼 만합니다. 100점 도전은 치밀한 계획과 정신 무장이 반드시 필요하지요. 고등학생 때는 100점의 의미가 별로 크지 않습니다. 50점이라고 해도 3% 안에 들면 1등급이 되는 상대평가니까요.

100점은 절대평가를 하는 중학생 때까지만 의미가 있습니다. 물론 중학생도 90점 이상은 A이므로 90점과 100점은 평가에서 별 차이가 없습니다. 100점은 어쩌면 아이들에게 보람과 성취감을 맛보게 하는 하나의 도전 과제입니다. 무리하는 것은 좋지 않지만 학창 시절에 도전하는 경험을 심어주는 것도 나쁘지 않지요.

저도 중학생 때 수학 100점을 받기 위해 쉬는 시간 10분까지도 아껴가며 공부했던 기억이 생생합니다. 어떤 일을 하든지 성장기에 도전하고 실패하고 재도전하는 노력의 추억 하나쯤은 남기면 좋겠습니다.

🎓 요즘 아이들은 목표와 꿈이 없지요. 작은 성취를 맛보면 큰 성취를 이루고 싶은 마음이 생길 것입니다. 가능한 한 엄마와 아이가 같은 목표를 향해 노력하고 성취하는 기쁨을 나누면 좋겠습니다.

창의력 수학은 수학이 아니다

불과 200년 전의 일입니다. 의사들은 담배가 인체에 유익하다고 주장했습니다. 지금은 전혀 그렇지 않지요. 의사들의 손 씻기가 산모들의 생명을 구할 수 있다고 주장하는 사람도 미치광이 취급을 받던 시기가 있었습니다.

저와 몇몇 동료 수학 선생님들은 초등학생 시기에 배우는 이른바 창의력 수학이나 교구 수학은 고등학생, 아니 중학생만 되어도 아무런 도움이 되지 않는다는 사실을 잘 알고 있습니다. 감히 말하지만 창의력 수학은 아이들에게 부담을 주고 있습니다. 지푸라기라도 잡고 싶은 심정인 엄마들을 대상으로 팔고 있는 마케팅일 뿐입니다.

창의력 수학은 놀이 자체로서 좋은 기능이 있을지 모르지만, 수학 공부에는 직접적인 도움을 주지 못합니다. 비유컨대, 건강식품이 건강에 도움이 될 수는 있지만 치료제는 아닌 것과 같은 이치입니다.

어떤 사람이 어두운 밤에 자동차 열쇠를 잃어버렸습니다. 그는 가로등 밑이 잘 보인다며 계속 거기서만 열쇠를 찾고 있었지요. 열쇠는 저기 어두운 골목에서 잃어버렸는데 말입니다. 우습지요? 하지만 학부모님들도 이와 비슷한 상황입니다. 엄연히 초등 수학 과정이라는 것이 존재합니다. 수학은 계단식 학습이므로 이 과정을 꼭 밟고 올라가야 합니다.

잘 알고 있으면서도 옆집 아이가 창의력 수학을 한다고 따라 하고 있습니다. 아이들의 두뇌 발달을 위한 것이라는 변명을 말하느니 차라리 두뇌 성장을 위해 운동을 시키세요. 뇌도 신체의 일부니까요. 운동이 창의력에 도움이 된다는 과학적인 근거도 있습니다. 치매 환자에게 퍼즐과 같은 놀이가 거의 도움이 되지 않는다고 밝힌 논문이 있습니다. 그런데 우리는 퍼즐이 치매에 도움이 된다는 문구를 많이 쓰고 있지요. 운동이 더 효과적이라고 주장하는 논문이 훨씬 많습니다.

근거 없는 이상한 수학은 버리고 그 시간에 운동을 하거나 뛰어놀게 하세요. 수많은 교수님들과 연구자들이 공들여 만든 정식 학교 교육 과정을 무시하지 마세요. 상술적인 수학에 쉽게 넘어가는 학부모님들을 보면 참 마음이 안타깝습니다.

《전문가와 강적들》이라는 책에는 이런 내용이 나옵니다. 우리 사회는 인기 연예인의 말이 전문가의 말보다 중시되는 이상한 사회라고 합니다. 개그맨이 정치를 논하고 연예인이 백신에 관한 이야기를 하면 전문가의 말보다 더 따르니 잘못되어도 한참 잘못된 세상입니다. 물론 전문가들도 오류를 범합니다. 하지만 수학적으로 따져보면 인기인의 말보다는 오류가 훨씬 적을 것입니다.

초등학생 학원가를 둘러보세요. 이상야릇한 교수법들이 만연합니다. 한결같이 초등학생 때 무엇을 해두면 학년이 올라가면서 도움이 된다고 외칩니다. 그런 학원에는 고등학생 반이 없습니다. 학생들이 중학생이 되면서 그 학원을 떠납니다. 시험 성적이 잘 나오지 않으니 떠나는 것입니다. 학원 교사들도 대부분 수학 비전공자입니다. 아무런 근거 없는 학습이 나올 수밖에요.

학생들의 창의력 증진에 수학이 도움을 줄 수 없습니다. 원숭이가 흉내를 잘 낸다고 인간이 될 수 없는 것처럼 말입니다.

제5계명

수학 풀이 방법은 단 하나다

    초등학생이나 중학생에게 수학은 여러 가지 풀이 방법이 있으니 자신만의 풀이법을 연구하라고 말하는 선생님들이 있습니다. 그런 말을 들으면 저는 깜짝 놀랍니다. 이렇게 위험한 말은 함부로 하지 않으면 좋겠습니다.

    수학의 품격은 간결성과 효율성입니다. 쉬운 예를 들어볼까요? 곱하기로 간단히 해결하는 수 있는 것을 더하기로 낑낑 대고 있습니다. 똑바로 가면 되는 길을 빙 둘러서 가는 것과 같습니다. 간결하고 효율적인 풀이법을 사용하면 됩니다.

    세 살 버릇 여든까지 간다는 말이 있지요. 수학의 올바른 기초를 쌓아야 하는 시기에 잘못된 습관이 고착되면 고등학생 때는 돌이킬 수 없습니다. 다시 말해, 아이들의 장래를 두고 장난을 쳐서는 안 된다는 것입니다.

중학생 때는 풀이가 비교적 간단하니까 이리저리 끼워 맞춰서 답을 낼 수도 있습니다. 하지만 고등학교 내신 수학은 끼워 맞추기로 해결할 수 있는 문제가 거의 없습니다. 올바르고 효율적인 방법이 아니라면 제시간에 해결할 수 없지요. 당장 고등학생들에게 물어보세요. 아마도 초등학생인 내 아이의 학습 방향을 잡는 데 힌트가 될 것입니다.

초등 고학년이 될수록 풀이집을 참조해 제대로 된 해결책에 익숙해져야 합니다. 풀이집을 절대 보면 안 된다는 말은 공부법을 잘 모르고 하는 소리입니다.

현실적인 이야기를 하자면 출판사마다 경쟁적으로 무엇을 하는지 아십니까? 어떻게 하면 책에 좋은 풀이를 넣을지 고민합니다. 문제는 거기서 거기이므로 풀이를 잘하는 집필진을 구하고자 혈안이 되어 있죠. 늘 더 좋은 풀이를 만들기 위해 노력합니다.

이런 전문가들의 노력을 뒤로하고 자신만의 풀이를 찾아야 한다는 말은 어불성설입니다. 수학 실력도 좋은 기본기가 쌓인 후에 나타나는 것입니다. 이제 막 배우고 있는 학생들에게 풀이 방법은 다양하니 자신만의 방법을 찾으라고 하는 건 말이 안 됩니다. 이런 이야기를 하는 선생님들은 비전문가거나 경험이 부족한 사람일 것입니다. 선생님들도 연구를 많이 해야 합니다.

물론 여러 풀이 방법이 가능한 수학도 존재하기는 합니다. 하지만 문제는 학생들이 몇 날 며칠을 고민해 찾은 방법이 과연 효율적이고 적합한지 모른다는 것입니다. 심지어 여러 풀이법이 존재한다고 주장하는 사람들조차 그것을 판단할 능력이 없는 게 현실입니다. 어떻게 아이들의 장래를 두고 이런 무책임한 말을 할 수 있나요.

출판사에서 겪었던 일입니다. 새로운 문제집을 만들 때 학교 선생님들을 섭외해 작업을 진행했습니다. 선생님들은 기존의 문제들과 다른 새로운 문제들을 의욕적으로 만들어 옵니다. 그런데 큰 출판사에는 수학 전공 편집자들이 아주 많습니다. 그분들이 크로스 체크하면 학교 선생님이 만들어 온 문제도 오류가 제법 있다고 합니다.

새로운 방식이라는 것은 그렇게 간단하게 만들어지지 않습니다. 불가능한 일은 아니지만 그리 간단한 일도 아닙니다. 내 아이가 찾은 풀이법으로 답을 맞혔다고 해서 아무런 검증 과정도 거치지 않는다면, 그리고 이것이 습관화된다면 나중에 돌이킬 수 없는 결과를 불러올 수 있습니다. 후회해도 이미 그땐 늦습니다.

🎓 잘못된 수학 학습 방법으로 피눈물 흘리는 일이 없기를 바랍니다. 수학은 올바른 방법으로 기초를 튼튼히 쌓아야 합니다. 자신만의 방법은 수학자가 된 후에 찾아도 늦지 않습니다. 수학자가 꿈이 아니라면 아예 신경 쓰지 마세요.

제6계명

좋은 선생님 찾지 말고
좋은 학생이 돼라

　많은 학생들이 좋은 선생님을 찾으려고 노력합니다. 하지만 변화의 주체는 학생들입니다. 시험 성적이 떨어지면 학원을 옮기거나 지도하는 선생님을 바꿉니다. 왜 그럴까요? 학생 본인이 바뀌기보다 주변을 변화시키는 것이 훨씬 쉽고 빠르기 때문입니다.

　하지만 지도하는 선생님이 실력이 좋다고 해서 반드시 학생의 성적이 오르는 것은 아닙니다. 학생이 변해야 성적이 오릅니다. 성적이 떨어지면 학생 스스로 자신의 계획과 노력에 어떤 문제점이 있는지 점검해야 합니다. 그것부터 고쳐야 발전하기 시작합니다. 이 과정이 쉽지 않지요. 그래서 주변의 도움을 얻는 쉬운 방법을 선택하는 것입니다.

　내적인 변화는 정말 어려운 과정입니다. 그러나 수학 공부의 발전에 꼭 필요한 과정이기도 합니다. 좋은 선생님은 학생에게 잘 맞는 선생님이 아닙니다. 학생의 학습 태도를 고쳐줄 수 있는 선생님이 좋은 선생님입니다. 이 과정에서 분명 선생님과 갈등이 일어날 것입니다. 기존의 태도를 그대로 따라주는 선생님이라면 학생이 좋아할지는 모르겠지만, 갈등이나 고통 없이는 결코 학생은 발전하지 않습니다.

선생님과 학생의 갈등 과정을 지켜보다가 지친 어머님들은 결국 아이 편을 들어줍니다. 그럼 성적은 다시 도돌이표가 되겠지요. 요즘은 부쩍 아이의 입맛을 맞춰주는 어머님들이 많습니다. 발전하려면 갈등과 고통은 필연적으로 마주하게 되는데, 어머님들은 이 과정을 버티지 못합니다. 아이의 수학 성적만큼이나 어머님의 인내도 중요합니다. 세상에 공짜는 절대 없습니다.

수학 고득점을 얻은 학생과 학부모님은 반드시 이 과정을 극복했습니다. 명장은 칼을 탓하지 않습니다. 선생님으로부터는 필요한 도움만 얻어야지 모든 걸 해주길 기대해서도 안 됩니다. 학원을 자주 옮기는 것은 어쩌면 나약한 변명의 구실을 마련해주는 꼴이 되기도 합니다.

일단 성적이 떨어지면 아이의 학습 태도나 계획 실행 상태부터 점검해야 합니다. 변화가 필요한 곳부터 체크해야 합니다. 나머지는 부차적입니다. 채울 것은 없는데 그릇만 바꾼다고 해서 되겠습니까. 좋은 선생님을 찾는 것은 쉬운 선택일 뿐 큰 변화를 일으키는 데 별로 도움이 되지 않습니다. 좋은 선생님보다 좋은 학생이 되도록 지원해주세요.

S 성적이 떨어지면 일단 학생의 학습 상태부터 철저히 점검하세요. 그것이 변화의 핵심입니다.

제7계명

스토리텔링 수학은 버려라

한때 스토리텔링 유행의 광풍이 불었습니다. 이와 함께 비전문 가들의 수학 침공이 일어났습니다. 급기야 염려스러운 초등 스토 리텔링 수학 교과서까지 등장하게 되었지요. 지금 우리나라 초등 수학 교과서는 길을 잃었습니다. 스토리텔링 수학으로 사교육이 더욱 급성장하고 있습니다. 비전문가들의 극성이 아이들에게 혼 란을 일으키고, 학부모님들도 길을 잃고 우왕좌왕합니다. 초등 교 육 현장에서도 지도 방향의 일관성을 찾지 못해 혼란스럽습니다.

스토리텔링 수학은 수학적 구조에 대한 스토리텔링이 아니라 동화적 이야기에 편중되어 있다는 것이 문제입니다. 초등 수학 교 과서를 만들 때 동화 작가를 전진 배치해 일어난 결과이기도 합니 다. 수학의 근간을 흔드는 이상한 이야기 구조의 수학이 탄생했습니다. 이대로 계속 나아가야 할지 개편해야 할지 아무도 방향성을 제시하지 못하고 있는 상황입니다.

　질병은 곧바로 증상으로 나타나는 경우도 있지만 오랜 시간 축적되어 결과가 나타나기도 합니다. 초등 수학의 부작용이 고등학교 때 나타나면 돌이킬 수 없는 큰 문제입니다. 지금은 시행 단계라 그 부작용에 따른 폐해는 당장 알 수 없는 실정이지요.

　우리 아이들의 수학 학습에 대한 허점은 누가 책임질까요? 우리나라는 책임을 지는 분들이 너무 없습니다. 그냥 검증되지 않은 사실을 주장하고 나 몰라라 합니다. 제발 책임을 지는 분들이 교육부에 있으면 좋겠습니다. 또한 전문가들이 수장이 되었으면 합니다. 교육은 백년지대계라고 합니다. 우리 아이들의 미래가 달린 곳에 비전문가들이 득실거리는 현실에 화가 납니다.

　스토리텔링 유행에 동조한 일부 수학 전문가들은 수학 공식만 외우면 안 된다고 주장합니다. 그러면서 스토리텔링 수학을 강조하는데 이건 완전 말장난입니다. 예를 들면, 책상이라는 것이 무엇인지 알아야 다른 책상의 형태를 이해할 수 있습니다. 처음에 나오는 것 하나는 알아두어야 합니다. 즉, 암기해야 합니다. 이상하게 암기를 나쁜 것으로 몰아가는데 의사들도 공부할 때 인체의 수많은 뼈 명칭을 암기합니다. 뼈 이름도 잘 외우지 못하는 의사를 어떻게 신뢰하고 환자가 몸을 맡기겠습니까?

　스토리텔링 수학을 주장하는 사람들은 암기식 수학이 중학교,

고등학교 때는 더 이상 통하지 않는다고 말하는데 이건 완전히 잘 못된 이야기입니다. 스토리텔링 수학은 중학생이 되면서 허상이라는 것을 알게 됩니다. 스토리텔링 수학은 수학적 구조를 다루지 않는 하나의 동화 같은 형식입니다.

실생활 연계형이라면서 출제한 문제를 보면 여러분도 왜 허상인지 알게 됩니다. "두 사람이 최소공배수에 대해 이야기를 나누고 있고 다음 중 잘못 말한 이를 찾아 그 이유를 쓰시오." 실생활에서 우리가 최소공배수에 관한 이야기를 하나요? 이런 문제가 어째서 실생활 연계형 문제인가요? 그들도 뭐가 스토리텔링인지 제대로 모르고 있는 게 현실입니다.

S 근거 없는 스토리텔링 수학에 현혹되지 말고 초등학생에게 필요한 수와 연산, 도형에 집중하세요. 물론 돈이 많으면 놀이 형식으로 즐기는 것도 나쁘지는 않습니다. 대신 학습 효과는 기대하지 마세요.

제8계명

수학은 개념 이해가 아니다

수학의 근본 원리와 개념을 파악하라고 합니다. 개념이 무슨 뜻 인지 알고 하는 말일까요? 그래서 사전을 찾아보았습니다.

> 개념: 개개의 사물로부터 비본질적인 것은 버리고 본질적인 것만 을 추출해내는 사유의 한 형식. 사물 현상에 대한 일반적인 지식이 나 관념.

과연 어린 학생들이 수학자들이 이끌어낸 정의나 지식이나 관 념을 추출할 수 있을까요? 개념 파악을 강조하는 선생님들에게 묻 고 싶습니다. 무엇이 개념인지 말씀해주세요. 그러면 아마도 용어 의 정의를 읽어주실지 모릅니다.

사실 수학은 무(無)정의 용어에서 시작합니다. 쉽게 말하면 설명할 수 없는 것에서 시작한다는 것입니다. 수학에서 '점은 위치만 있고 크기는 없다'라고 정의합니다. 그런데 현실 세계에서 그런 '점'은 존재하지 않습니다. 아무리 얇은 샤프심으로 점을 찍어도 아주 작은 크기의 점이 생깁니다. '크기가 있다'라는 말이지요.

수학은 이런 암기 사항에서 출발합니다. 이것을 토대로 규칙을 세워나가는 것이 바로 수학입니다. 사사건건 "개념 이해, 개념 이해"를 외치시는 분이 있는데 순서가 잘못되었습니다. 정의와 용어를 기본적으로 암기하고 그 토대 위에 쌓여가는 규칙을 이해하는 것이 필요합니다. 언어적 이해를 강조하다 보니 아이들은 제풀에 지칩니다. 이해가 잘 안 되니 자신은 수학머리가 없다고 생각하며 나자빠지는 것입니다.

개념 이해가 아니라 익숙해지는 것이 수학입니다. 처음부터 익숙해지는 연습을 시켰다면 지금처럼 어마어마한 수포자들이 생기지는 않았을 겁니다. 감히 말하건대, 일부 초등 수학을 지도하시는 분들이 수학의 태생을 잘 모르고 자꾸 개념을 이해만 시키려고 하는 데서 수포자들이 양산되었다고 생각합니다. 가벼운 초등 수학은 일상생활에서 쓰는 용어를 가지고 이해시킬 수도 있습니다. 하지만 학년이 올라갈수록 수학의 태생적 규칙에 대한 익숙함이 없으면 수학은 개념을 이해하기가 쉽지 않습니다.

그래서 고등 수학을 지도하시는 선생님들이 이해보다는 암기를 주장하는 것입니다. 학교 수학이나 입시 수학에서 수학 문제를 이해해 풀기에는 시험 시간이 너무 짧다는 것을 잘 알고 있는 것이지요. 처음 본 문제를 이해해 풀 만큼 시간적 여유를 주지 않는다는 뜻입니다.

초등 수학에서는 외워야 할 정의가 몇 개 없습니다. 하지만 중학생 이상이 되면 단원별로 나오는 정의나 공식을 외워야 합니다. 선생님이 중요하다고 강조하는 문제도 외워야 하고, 모의고사 유형의 문제들도 외워야 합니다. 문제를 잘 푸는 학생들은 처음에 문제 유형을 꼼꼼히 외워두어서 잘 푸는 것입니다. 오랜 시간 반복적인 과정을 거쳐 머릿속에 저장시킨 것입니다.

쉽지 않습니다. 세상에 공짜는 없습니다. 이해라는 달콤한 말에 속아 넘어가서 노력이라는 훈련을 생략하지 마세요. 이해하면 금방 할 수 있다는 달콤한 속임수가 쌓이고 쌓이면 결국 고학년이 되어 수포자의 길을 걷게 됩니다. 이제 방법을 바꾸세요. 이해하지 말고 수학 문제에 익숙해지는 '암기'라는 도구를 활용하세요. 여러 번 반복하다 보면 패턴에 대한 인식이 생길 겁니다. 그것이 바로 수학의 눈을 뜨는 첫걸음입니다.

S 모호한 개념 이해보다는 암기라는 확실한 도구로 수학에 눈을 뜨게 하세요.

제9계명

예습하지 말고 복습하라

예습을 강조하는 사람들은 아마도 옛날 교육 방식을 고수하는 사람일 것입니다. 예전 교과서 세대는 공부할 것이 많지 않아 예습이 중요하다고 생각했습니다. 하지만 지금 처음 배우는 학생들이 뭐가 중요한지 알고 예습을 해나가겠습니까? 어찌 보면 예습만큼 비효율적인 학습도 없습니다.

일단 학교에서 중요하다는 것 중심으로 복습을 철저히 해야 합니다. 수학에서는 중요한 것이 표준화되어 있지 않습니다. 학교 선생님마다 중요하다고 생각하는 것이 약간씩 차이가 납니다. 일단 교과서 범위를 4등분합니다. 쪽수를 네 개로 나눈다는 뜻입니다. 그중 처음 4분의 1은 1학기 중간고사의 범위입니다. 나머지도 차례차례 1학기 기말, 2학기 중간, 2학기 기말이 되겠죠.

그 4분의 1 분량에서 20~25문제만 시험으로 출제됩니다. 즉, 잡다한 문제들은 다 추려낸다는 뜻이지요. 그것도 골고루 단원별로 문제를 배정하면서 말입니다. 이런 상황이라면 분명 선생님의 출제 경향이 뚜렷해집니다. 무엇을 공부해야 하는지 결정된 상황이므로 복습을 철저히 해야 하는 이유가 생깁니다.

학교 내신에서 성적을 확보하는 데 복습만큼 중요한 것은 없습니다. 내신과 모의고사 점수가 차이 나는 이유도 여기에 있습니다. 모의고사 점수는 잘 나오는데 내신 점수가 별로라면 어쩌면 복습을 제대로 하지 않았기 때문일 것입니다.

그렇다면 어떻게 복습하는 것이 효율적일까요? 우선 수업 시간에 선생님의 말씀을 빠짐없이 경청하고 메모해야 합니다. 선생님께서 강조하는 문제나 학습 정리도 반드시 숙지해야 하고요. 수업 시간에 딴청 피우는 학생은 복습을 제대로 할 수 없기 때문에 내신 점수도 확보하기 어렵습니다. 학년이 올라갈수록 더욱 그렇지요.

아이의 내신 점수가 잘 나오지 않는다면 반드시 학교 수업 태도부터 체크하시길 바랍니다. 내신 점수 확보의 교두보는 학원 수업이 아니라 학교 수업입니다. 내신 점수가 나오지 않는다고 학원을 옮기는 것만이 능사가 아닙니다. 아이의 학습 태도부터 점검하시길 바랍니다. 거기서부터 출발해야 합니다.

제10계명

일단 베껴 쓰고 생각하라

    학년이 올라갈수록 문장제 문제처럼 어떻게 풀어야 할지 감도 오지 않는 문제들이 많이 나옵니다. 아무리 기본 개념을 충실히 공부해도 도무지 이해할 수 없는 문제가 있습니다. 고등학생들은 이런 문제를 '킬러 문제'라고 부릅니다.

    이런 문제에 접근할 때는 보통 차근차근 풀라고 하는데 사실 눈으로 해결되지 않습니다. 손을 직접 옮겨 적어봐야 구조가 보이기 시작합니다. 두 번 세 번 옮겨 적어야 하는 경우도 생기고요. 수학만 그런 것이 아닙니다. 소설가도 작법 이론을 배우지만 큰 작품을 처음부터 끝까지 따라 적는 필사 과정을 거치며 연습합니다. 《해리포터》의 작가 J. K. 롤링도 C. S. 루이스의 《나니아 연대기》라는 두꺼운 소설을 다섯 번이나 필사한 다음 집필하기 시작했다고 합니다. 방법은 크게 다르지 않습니다.

이에 비하면 수학 문제를 옮겨 적으면서 구조를 이해하는 것은 쉬운 일입니다. 그렇게 했는데도 감이 오지 않는다면 풀이도 옮겨 적어보세요. 그래프나 그림이 있다면 빠트리지 않고 그려봅니다. 말로 설명까지는 못해도 쓰다 보면 뭔가 느낌과 구조가 보일 것입니다. 그게 바로 문제 형식의 구조입니다.

하나씩 깨어나가면 문제는 정복됩니다. 수학은 생각만으로 해결되지 않아요. 구조적인 반복이 꼭 필요합니다. 어려운 문제는 몽땅 써서 펼쳐놓고 구조를 파악하면서 해당 단원에 맞는 공식을 나열하고 대조하는 것이 도움이 됩니다.

다만, 모든 문제를 다 쓰는 것은 비효율적입니다. 쓸데없이 사고력을 키운다고 낑낑대지 말고 한 문제를 선택해 그와 유사한 문제들을 찾고 나열하면서 생각하는 힘을 키우세요. 항상 근거를 가지고 생각하는 힘을 길러야지 모래 위에 집을 짓는 우를 범하지 말아야 합니다.

자, 다시 현실적인 이야기를 하겠습니다. 보통 문제집의 본문은 개념과 유형으로 나뉘어 있습니다. 그런데 자세히 들여다보면 개념을 설명하는 부분은 분량이 적고 그 개념이 적용된 문제와 풀이를 옆에 붙여놓습니다. 이 정도가 바로 개념 정리입니다. 사실 별 것 아니죠. 그냥 한번 개념 부분에서 구조를 익힌 다음 유형 문제로 넘어가는 것이 일반적인 문제집의 형태입니다.

수학자 유클리드가 '수학 공부에 왕도는 없다'라고 말했듯이 수학 공부에 특별한 방법이 있는 것처럼 선전하는 것은 상술에 지나지 않습니다.

🎓 똑같은 방법으로 공부하는데 누구는 성공하고 누구는 실패합니다. 그건 방법의 차이가 아니라 노력의 차이입니다.

중요한 유형은 통으로 외워라

   수학에서 개념은 중요합니다. 개념에는 보통 용어에 대한 정의도 들어 있습니다. 개념을 이해하려 하지 말고 모두 외워버리세요. 이 말이 모순이라고 생각하실지 모르겠지만 우리의 뇌는 외워서 익숙해진 상태를 이해했다고 받아들입니다. 개념을 통으로 외우다 보면 어느새 익숙해져 이해된 것 같이 느껴집니다. 다시 말씀드리지만 수학의 개념을 문학적으로 이해한다는 것은 별로 수월한 작업이 아닙니다.

   문학적인 이해를 강요하다 보니 그냥 통으로 외웠던 과거보다 더 많은 수포자가 양산됩니다. 요즘 교육부에서는 수학 교육 과정을 좀 더 줄이는 학습 경감 정책을 펼치고 있습니다. 너무 어려운 문제도 금지시키고 있고요. 그렇다면 반드시 수포자들이 줄어들어야 맞지만 오히려 과거보다 급격히 늘어나고 있습니다.

지금의 수학이 과거의 수학과 달라진 것이 아닙니다. 학생들의 수준은 더 높아졌습니다. 아이들이 말하는 것을 들어보면 정말 똑똑합니다. 그런데 수학만큼은 거꾸로 가고 있습니다. 이상하지 않습니까?

저는 감히 주장합니다. 이해식 수학, 사고력 수학, 창의력 수학 이런 거 하지 마세요! 기초를 쌓는 방법으로는 통으로 암기하는 것이 가장 확실하고도 빠른 길입니다. 수학 공부법의 첫 번째 법칙은 효율성입니다.

기초 체력 없이 응용력을 기르겠다는 발상 자체가 우스운 일입니다. 예컨대, 아이가 처음 말을 배울 때 '엄마'라는 단어의 의미를 이해하고 있어서 말을 하는 걸까요? 아닙니다. "엄마, 엄마"라는 말을 계속 듣다 보니 무의식 속에 각인된 상태에서 엄마의 존재를 깨닫게 된 것입니다.

수학도 마찬가지입니다. 기초적인 개념을 많이 외운 상태에서 그것들을 조합하면서 개념 이해의 폭이 넓어지는 것입니다. 이해가 단발적 과정이라면 암기는 반복적 과정입니다. 반복하려면 끈기가 필요합니다. 이해는 머리 탓이라는 도망갈 구멍을 제공하지만 암기는 노력만 요구되므로 변명을 댈 수 없습니다.

주변에 수학 잘하는 친구들에게 어떤 문제 하나를 들이대보세요. 그럼 그 친구는 곧바로 무슨 문제집 어느 부분에 있다고 말해

줄지도 모릅니다. 이런 친구들은 중요한 문제는 다 암기하고 있거나 본 적이 있다고 말할 것입니다.

중요한 문제 유형을 게임의 아이템을 모으듯 기억하고 있다는 말입니다. 짧은 시간에 어떠한 동작을 훈련해야 하는 운동선수는 동작 하나하나를 나누어 모두 머릿속에 외우는 연습을 합니다. 그런 다음 응용력이 나옵니다. 가수들도 자신의 노래를 수천 번 연습합니다. 반복하고 반복해서 완성시켜나갑니다. 모든 학습이라는 행위는 크게 다르지 않습니다.

'개념 이해'라는 말은 정말 수학을 열심히 공부하는 학생들에게는 환상적인 말장난에 불과합니다. 그 학생이 왜 수학을 잘하는지 겉만 보지 말고 노력의 양을 한번 확인해보세요.

제12계명

자신의 임계점을 돌파하라

　지금 수학을 잘하는 아이들은 결단코 그저 된 것이 아닙니다. 눈물겨운 노력의 결과라는 사실을 반드시 알아야 합니다. 처음부터 잘하는 것은 없습니다. 아무리 수학을 잘하고 재능이 있는 아이라 할지라도 반드시 배움의 힘든 과정을 거쳤습니다.

　그런데 수학은 해도 해도 안 된다고 말하는 학생들이 있습니다. 이런 학생들은 두 부류로 나뉩니다. 하나는 다른 과목도 못하고 수학도 못하는 학생이고, 다른 하나는 국어나 타 과목은 잘하는데 유독 수학만 못하는 학생입니다.

　전자는 따로 할 말이 없습니다. 그냥 안 해서 그런 거니까요. 하지만 후자는 딱한 경우입니다. 이에 대한 해결책 역시 복잡하지 않습니다. 모든 학생들은 수학의 임계점이 각각 다릅니다. 세 번 풀어서 해결하지 못했다면 다섯 번, 아니 열 번을 반복하도록 하세요. 반드시 됩니다. 한번 임계점을 넘기면 자신의 한계를 알게 되어 그다음부터는 노력을 측정할 수 있게 됩니다.

열심히 하는 학생인데 수포자가 된 학생이라면 반드시 이 임계점을 넘기는 작업을 하지 않았기 때문입니다. 학습뿐 아니라 모든 일에도 반드시 넘어야 할 임계점이 있습니다. 특히 자신이 어려워하는 것을 극복하려면 반드시 임계점을 돌파해야 합니다. 안에 물이 보이지 않는 잔에 물을 채운다고 생각해보세요. 넘쳐흐르기 전까지는 어느 정도 노력해야 하는지 알 수 없습니다. 이것이 바로 수포자가 되는 이유입니다.

보이지 않는 자신의 임계점과 싸워야 합니다. 하지만 아무리 큰 잔이라도 채우고 채우면 반드시 넘쳐나게 됩니다. 노력해도 안 되더라 포기하지 말고 자신의 임계점을 찾게 해주세요. 스스로 한 번쯤은 찾아야 할 지점입니다. 사람마다 임계점이 다르므로 스스로 찾아야 합니다.

🎓 다른 사람들은 신경 쓸 필요 없습니다. 다른 사람이 세 번 만에 마스터했다고 해서 신경 쓰지 마세요. 자신의 임계점이 열 번이라면 그것이 바로 자신이 이루어야 할 목표입니다. 계획을 세워 열 번의 노력을 기울이세요. 그러면 반드시 이루어집니다. 누구나 수학을 정복할 수 있습니다. 의식적인 반복 훈련만이 해결책입니다.

제13계명

자신의 수준에 문제집을 맞추지 말라

항간에 떠도는 정보에 따르면 학생 수준에 맞는 문제집을 선택해 공부해야 한다고 합니다. 그건 어디까지나 초등학생에게만 해당하는 정보입니다. 학년이 올라가면 절대 학생 수준에 맞는 교재를 선택해서는 안 됩니다.

일단 교과서 이상 수준의 문제집을 선택해야 합니다. 그게 어렵다면 차라리 여러 종류의 교과서 중 자기 학교 교과서 한 종과 다른 학교 교과서 두 종을 선택해 공부하게 하세요.

학생 수준에 맞춘 교재로는 시험 점수가 나오지 않습니다. 세상에 자신을 맞춰야지 자신에게 세상을 맞추려는 우를 범해서는 안 됩니다. 중간고사나 기말고사가 여러분의 실력이 올라올 때까지 기다려주지 않습니다.

그럼 어떻게 해야 할까요? 학교 선생님이 잘 활용하는 문제집이 있습니다. 그것이 무엇인지 알아내야 합니다. 작년 시험지를 직접 분석해도 좋고요. 선배들에게 물어봐도 좋습니다.

차근차근 실력을 닦아 올라간다는 말은 들으면 멋있습니다. 하지만 현실은 그렇지 않지요. 결과가 나오지 않으면 아무것도 아닙니다. 학생들은 숫자만 바뀌어도 다른 문제로 인식합니다. 내 아이를 탓하지 마세요. 거의 대부분의 학생이 그렇습니다.

분명히 말씀드리지만 어렵게 출제된 시험 문제는 여러 번 풀어본 문제가 아니라면 제시간 안에 풀어내기 힘듭니다. 학교 수학 시험은 사고력 테스트가 아닙니다. 얼마나 많은 문제를 익혔는지 테스트하는 것입니다.

또 하나 좋은 문제집을 선택하는 요령입니다. 우리 학교 수학 교과서에 딸린 자습서를 꼭 구하세요. 거기서 한두 문제는 꼭 나옵니다. 시중의 문제집을 선택할 때는 메이저 브랜드가 아니더라도 학교 교과서와 같은 출판사의 문제집을 구해 유형을 파악하는 것이 중요합니다.

🎓 좋은 문제집이란 좋은 내용의 문제집을 말하는 것이 아닙니다. 우리 학교 선생님이 참조해 시험 출제에 활용하는 문제집이 최고의 문제집입니다. 교육 정책을 탓하지 마세요. 내 아이를 수포자의 길에서 탈출시키는 것이 먼저입니다.

제14계명

풀이집은 수학의 내비게이션이다

배움이란 곧 스승을 따라함입니다. 모방이 창조의 어머니라는 말도 있습니다. 지식은 어느 정도 축적되지 않으면 활용할 수 없습니다. 학창 시절의 우선순위는 지식 축적입니다. 수학 역시 예외는 아닙니다.

고학년이 되면서는 풀이집을 압수하는 행위는 하지 마세요. 아이들이 문제를 풀지 않고 베낄까 봐 그런다는 것은 압니다. 하지만 그런 행동을 하지 않도록 주의를 주셔야지 풀이집을 뺏는다고 수학 실력이 더 나아지는 것은 아닙니다. 그냥 모르는 상태 그대로 지식이 누수될 뿐입니다.

도둑이 칼을 들면 무기가 되지만 요리사가 칼을 들면 맛있는 요리가 만들어집니다. 중2 이상이 되면 풀이집을 이용하는 방법을 배워야 합니다. 출판사들은 문제집의 경쟁력을 높이기 위해 좀 더 좋은 풀이, 효율적인 풀이를 집필진들에게 주문합니다. 모든 출판사가 풀이에 많은 공력을 들인다는 뜻입니다. 그렇게 만든 좋은 풀이집을 아이에게서 압수한다는 것은 잘못된 일입니다.

풀이집을 보게 되면 학생의 수학 실력이 늘지 않는다고 말씀하시는 분들이 있는데, 그것도 모르고 하는 소리입니다. 대학에서 수학을 전공하고 일선에서 학생들을 무수히 가르쳐본 노하우를 바탕으로 만든 풀이집이 몇몇 똑똑한 아이들보다 문제 해석력이 떨어진다고 생각합니까? 다시 말하지만, 일부의 문제점을 개선해나가는 것이 맞지, 전체적으로 큰 유익함을 버리는 선택은 옳지 못합니다.

수학을 잘 모르는 사람들은 개념을 알면 수학은 저절로 풀린다고 말합니다. 새빨간 거짓말입니다. 문제를 보고 5분, 아니 3분이 지나도 이해되지 않는 문제는 일단 해결하기 힘듭니다. 모르는 장소를 찾아가겠다는 말과 같지요. 수학 문제는 혼자 끙끙 앓으면서 해결해야 진정 자기 것이 된다는 말도 사실이 아닙니다.

처음 가는 길을 머릿속 생각만으로 찾을 수 있다는 것과 같습니다. 내비게이션이 없다면 무수히 많은 시행착오를 거쳐야 목적지에 도달할 수 있습니다. 우리 아이들은 수학만 잡고 있을 수 없어요. 내비게이션을 켜고 목적지를 찾아가세요. 그렇게 자주 다니다 보면 내비게이션 없이도 목적지에 가게 됩니다. 이것이 올바른 학습법입니다. 풀이집이 바로 수학의 내비게이션입니다. 잘 활용하면 아주 유용합니다. 처음에는 내비게이션을 따라가지만 숙달되면 안 보고도 찾아갑니다. 그런 식으로 수학도 문제를 완전히 정복하는 것입니다.

S 구더기가 무서워 장 못 담근다고 하지 말고 수학 문제집의 풀이집을 유용하게 활용해보세요. 풀이집은 수학의 내비게이션입니다.

제15계명

시험에 잘 나오는 문제가 좋은 문제다

　좋은 문제의 기준은 무엇일까요? 저는 학원에서 학생들을 가르치면서 좋은 문제의 기준이 자주 바뀌었습니다. 작년이 다르고 올해가 다릅니다. 이게 무슨 말이냐 하면 학교 선생님이 출제하는 문제가 좋은 문제라는 뜻입니다. 우리 학교 수학 선생님이 바뀌면 좋은 문제의 기준도 달라집니다. 시험 출제자가 달라졌으니 말입니다.

　수학 문제 자체에는 사실 좋고 나쁜 것이 없습니다. 우리 학교에서 출제되는 문제가 나에게는 가장 좋은 문제입니다. 그러니까 좋은 문제의 기준은 학교마다 다르고 선생님마다 다릅니다. 세상일도 이와 다르지 않습니다. 로마에 가면 로마법을 따르라고 하지 않습니까. 우리 학교 선생님의 출제 경향을 잘 파악하는 것이 헛 공부하지 않는 지름길입니다.

제가 이런 말을 하면 가끔 너무 요령만 가르치는 것 아니냐며 좋지 않게 이야기하는 사람들이 있습니다. 그런데 말입니다. 만약 누구와 사귀면서 그 사람의 마음을 헤아린다면 그게 나쁜 일인가요? 수학 공부를 하면서 수업을 제공하는 선생님의 마음을 헤아려보는 것도 좋은 배움입니다. 공부를 잘하는 친구들에게 이번에 뭐가 나올 것 같으냐고 물으면 80% 정도는 파악하고 있습니다. 시험 치르기 전에 어디서 들었는지 문제에 관한 정보를 알고 있는 학생이 성적도 높게 나옵니다.

왜 이런 정보전에 민감해야 할까요? 합리적으로 생각해보세요. 앞서 이야기했듯이 교과서에는 문제가 많은데 출제하는 문제는 한정되어 있어요. 그러니 선별 기준이 까다로울 수밖에 없지요.

여기서 꿀팁 하나 알려드릴게요. 작년 시험지나 재작년 시험지에 보면 출제 선생님의 성함이 명시되어 있습니다. 이것을 보고 시험지 문제와 유사한 문제가 실린 문제집을 찾아봅니다. 학교 선생님이라고 문제를 본인이 직접 만들어내지는 않습니다. 똑같이 내지는 않더라도 참고하는 문제집이 반드시 있게 마련입니다.

🎓 이번 시험의 출제 경향은 작년 시험지와 재작년 시험지에 흔적이 남아 있습니다. 선생님의 출제 경향을 분석해보세요.

제16계명

속도로 정확성을 이겨라

　사람들은 수학에서 속도가 중요하다느니, 정확성이 중요하다느니 여러 말을 합니다. 말하기 좋아하는 사람들은 이런 이야기를 쉽게 하지만 시험 문제를 정해진 시간 안에 풀어야 하는 학생들 입장에서는 그리 간단한 이야기가 아닙니다. 속도와 정확성 중 어느 한쪽으로 치우치면 나중에 고칠 수 없는 습관이 되니까요.

　저는 시간만 넉넉하게 주어지면 모든 문제를 풀 수 있는 천재형 학생을 본 적이 있습니다. 절대 답지를 보지 않고 스스로 고민해 문제를 푸는 학생이었지요. 그런데 수능에서 의외의 결과가 나왔습니다. 1등급 실력으로 3등급을 받은 것입니다. 어릴 적 수학 경시 대회도 많이 나간 친구라 고집이 있었습니다.

　제가 문제 풀이 속도를 높이라고 해도 말을 듣지 않더니 결국 그렇게 되었습니다. 쉬운 문제도 너무 오래 생각하는 것이 단점이었지요. 세 살 버릇 여든까지 간다고 수능에서 사달이 나고 만 것입니다. 수학의 영재가 경시라는 수학의 독에 감염된 것입니다.

수능에서는 깊이 고민하며 풀어야 할 문제는 3~4개 정도입니다. 1~12번은 정말 생각 없이 풀어도 되는 문제들입니다. 고민하는 순간 늪에 빠질 수도 있습니다. 앞쪽에는 출제자의 의도가 반영되지 않은 문제가 출제되니 고민 없이 풀도록 훈련해야 합니다.

자, 그럼 속도와 정확성에 관한 이야기를 하겠습니다. 결론부터 이야기하자면 수학은 속도감을 높여야 합니다. 시험을 치고 나면 아이들은 항상 시간이 부족했다는 말을 많이 합니다. 사실 문제가 빡빡하게 나오면 이런 일은 비일비재합니다. 그래서 우리는 항상 시험에 대비해 의식적인 훈련을 통해 문제를 속도감 있게 푸는 연습을 해야 합니다. 그래서 저는 농담 반 진담 반으로 눈을 가리고도 문제를 풀 수 있을 정도로 연습을 많이 해서 스피드를 올려야 한다고 말합니다.

그럼 정확성은 어떡할까요? 그건 속도감으로 커버하면 됩니다. 무슨 말이냐 하면 빨리 푸는 연습을 하면 문제를 풀고 나서 검토할 시간이 확보된다는 것입니다. 한 번 푸는 것보다 두 번 풀어보는 것이 정확성을 높입니다.

수능 시험에서 1번부터 10번까지는 5분 안에 풀어버리는 속도감을 연습해야 합니다. 그래야 뒤에 나오는 킬러 문제에서 20분이라는 시간을 할애할 수 있거든요. 킬러 문제는 만만치 않습니다. 많은 시간이 들어갑니다. 그래서 앞쪽의 쉬운 문제를 빠르게 푸는 연습을 미리미리 해야 합니다.

S 수능에서 앞쪽 문제는 빠르게 풀어 시간을 확보한 다음, 킬러 문제는 꼼꼼히 푸세요. 수능 수학의 중요한 전략입니다.

제17계명

중2 도형이 중요하다

　도형은 왠지 초등 수학의 이미지가 강합니다. 하지만 초등 도형보다 중2 도형이 더 중요합니다. 중학생이 되면 도형이 좌표평면과 연계되면서 매우 중요해집니다. 물론 초등 도형이 중요하지 않다는 말은 아닙니다.

　하지만 중2 때 도형의 증명이라는 막강한 도구를 익히게 됩니다. 사실 전 학년을 통틀어 중학교 2학년 2학기 도형만큼은 확실히 익히고 넘어가야 합니다. 나중에 고등 수학에서 기초가 부족하다는 말이 나오면 반드시 이 부분을 제대로 알고 있는지 재확인해야 합니다.

　중2 도형이 중요한 까닭은 삼각형을 이용한 도형의 증명이 즐비하기 때문이지요. 이 분야는 서양 수학이 동양 수학보다 우월한 위치에 서게 된 이유이기도 합니다. 증명하는 부분 하나하나가 중요합니다. 이에 딸린 용어에 대한 정의, 정리, 성질 어느 하나 빠트릴 내용이 없습니다. 만약 고등학생이 되어 기초부터 다시 공부한다면 이 부분은 꼭 다루어주길 바랍니다.

고등학생 때 교육청 모의고사의 도형 문제를 풀다가 풀이를 봐도 모르겠다면, 바로 중학교 도형을 다시 봐야 합니다. 부담은 갖지 마세요. 다시 보면 그렇게 부담되는 것은 아니니까요. 살짝 팁을 드리자면 이것만 묶어놓은 책도 있습니다.

그다음으로 중요한 부분은 고1에 배우는 도형입니다. 피타고라스와 연결된 직각삼각형이지요. 이 부분도 꼭 체크하길 바랍니다.

🎓 고등학교 모의고사에서 자신이 기초가 부족하다고 느낀다면 중학교 2학년 2학기 도형 부분을 다시 펼쳐보세요.

제18계명

중요한 문제만 골라서 반복하라

1,000개의 문제를 한 번씩 푸는 것보다 엄선된 200개의 문제를 다섯 번씩 푸는 것이 더 좋습니다.

사람들은 수학 문제를 많이 풀어보는 것이 좋다고 말합니다. 맞습니다. 당연히 문제는 많이 풀면 풀수록 좋습니다.

하지만 여기에도 약간의 요령이 필요합니다. 다양한 문제를 골고루 푼다면 모양새는 참 좋지요. 물론 이런 방법도 풀어본 문제를 정확하게 복기만 할 수 있다면 좋은 방법입니다. 하지만 단 한 번만 풀어보고 나중에 시험에서 비슷한 문제와 맞닥뜨렸을 때 과연 제대로 생각해낼 수 있을까요?

공부를 잘하든 못하든 상관없이 시험 시간에는 누구나 긴장하게 됩니다. 시험이 끝나고 "다 아는 문제였는데 실수로 틀렸다"라는 말을 자주 듣습니다. 문제를 아는 것과 푸는 것은 완전히 다릅니다.

실전에서 문제를 풀어내려면 사전에 반복 훈련이 꼭 필요합니다. 그것도 의식적인 훈련을 해야 합니다. 내가 자주 실수하거나 중간에 기억나지 않는 부분은 의식적인 반복 훈련으로 극복해야 합니다. 그렇지 않으면 봤던 문제라도 시험 중에 풀 수 없습니다. 정답을 맞힌 학생들은 반드시 이 과정을 거쳤습니다. 공부 잘하는 친구들은 반드시 이런 반복 훈련을 합니다. 그 과정을 우리가 옆에서 보지 못했을 뿐이죠.

우리 뇌는 의식적인 훈련을 거치지 않고 기계적으로 반복하면 무언가를 재생하기 힘듭니다. 의식적인, 때로는 의미 있는 반복 훈련을 반드시 거쳐야 합니다. 수학 공부는 더더욱 그래야 하고요. 수학은 문학과 다르게 큰 의미가 담기지 않았습니다. 그저 기호에 대한 약속으로 시작되기 때문입니다.

그러니 의식적으로 의미 있는 반복 훈련을 많이 해야 합니다. 그래서 수학이 어려운 것이기도 합니다. 건조한 수학에 의미를 부여해야 하니 그게 어디 쉽겠습니까? 그런데 의미는 부여할 수 없지만 자주 접하다 보면 익숙해지는 효과는 분명히 있습니다. 익숙해지면 뭔가 친근하고 여러 의미도 부여할 수 있게 됩니다. 그래서 시험을 준비할 때는 무의미한 문제를 많이 푸는 것보다는 출제 가능성이 높은 문제를 반복해 푸는 것이 훨씬 효과적입니다.

그럼 여기서 질문 하나 하겠습니다. 출제 가능한 문제를 어떻게 알아낼 수 있을까요? 전혀 어렵지 않습니다. 학교 내신 문제는 교과서와 부교재, 때로는 프린트물에서 거의 다 나옵니다. 쓸데없이 시중에 인기 있는 베스트셀러 문제집을 가지고 준비하지 않아도 됩니다.

🎓 내신 수학은 얼마나 다양한 문제를 풀었느냐보다 얼마나 반복 훈련을 했느냐에 따라 성적 차이가 납니다.

제19계명

수학은 4학년이 아니라 6학년부터다

시중에 학원 광고나 학습법 책을 보면 "수학은 초등 4학년부터다"라고 말합니다. 어떤 근거로 그런 말을 하는지 이유를 찾아보려고 다음과 같이 초등 4학년 수학의 목차를 살펴봤습니다.

4학년 1학기	4학년 2학기
1) 큰 수	1) 분수의 덧셈과 뺄셈
2) 각도	2) 소수의 덧셈과 뺄셈
3) 곱셈과 나눗셈	3) 삼각형
4) 평면도형의 이동	4) 사각형
5) 막대그래프	5) 다각형
6) 규칙 찾기	

그런데 교과 과정상에는 근거가 없는 것 같습니다. 분수가 좀

중요한 것 같지만 꼭 4학년부터 분수가 시작되는 것은 아닙니다. 초등 수학에서 분수는 기초만 알고 있어도 됩니다. 중학생이 되면 대수랑 연계되어 다시 배우기 때문입니다. 꼭 초등 4학년이 중요하다는 근거로는 약합니다.

그렇다면 왜 수학은 초등 4학년부터라고 했을까요? 아마도 학원이 이 시기의 아이들을 모집하기 좋기 때문일 것입니다. 학습법 책에서는 왜 그런 말을 했을까요? 지은이가 전체 학년을 다 가르쳐본 적이 없어서 그런 것은 아닐까요.

아무튼 이런 내용의 책들이 한때 유행했습니다. 생각 없는 뉴스에서는 그것이 중요한 기사거리라며 실어 나르기 바빴고요. 초등 저학년에서 고학년으로 넘어가는 시기를 어렴풋이 잡아서 마케팅을 한 것 같습니다.

하지만 위의 목차를 훑어봐서 알겠지만 초등 4학년 때 특별히 어렵거나 중요한 단원이 있는 것은 아닙니다. 학교 교과 과정에만 충실하면 별 탈 없이 달릴 수 있는 학년입니다.

초등 수학 4학년이 중요하다고 주장하는 사람들은 4학년 교육 과정에 대해서는 언급하지 않습니다. 그러면서 4학년은 머리가 가장 활발하게 성장하는 시기라고 말합니다. 수학을 본격적으로 시작하기에 좋은 근거로 제시하는 것이죠. 그래서 교수님들의 여러 논문을 찾아보았는데 어디에도 그런 성장이 일어난다는 이야기는 없었습니다. 오히려 아이들의 성장 시기는 제각각 다르다고 합니다. 괜히 그 시기에 무리했다가 영영 수학에 흥미를 붙이지 못하는 경우도 생길 수 있다는 말입니다.

다시 정리해볼까요. 초등 수학은 4학년이 아니라 6학년부터입니다. 6학년부터 제대로 준비하면 됩니다. 그전까지는 아이들의 두뇌를 단련시키고 싶다면 학교 운동장을 선택하세요. 뇌도 몸의 한 부분이므로 성장기에 잘 뛰어놀면 뇌가 건강해지고 수학을 위한 두뇌 발달에도 도움이 됩니다. 논문에 있는 내용입니다. 그러니 근거 없는 주장으로 더 이상 아이들을 찌들게 하지 마세요.

🎓 교육을 빙자해 돈벌이에 혈안이 된 사람들이 무섭습니다. 남의 귀한 자식 평생 농사를 망치게 합니다. 씨를 뿌려야 할 시기가 아닌데 씨를 뿌려 싹도 보지 못하게 만듭니다.

제20계명

선행이 필요하면 하면 된다

공부 잘하는 아이들은 열심히 선행을 하고 있는데, 이상하게도 학습법 책에서는 "선행은 독"이라고 말합니다. 완전히 반대 아닙니까? 이 문제도 생각 좀 해봅시다.

만약 내가 친구와 100m 달리기를 한다고 합시다. 그런데 내가 50m 앞에서 달린다면 누가 이길까요? 당연히 50m 앞에서 달린 내가 이깁니다. 그 친구가 치타라는 빠른 야생동물이 아니라면 말입니다.

선행이 독이라는 주장에 대한 어설픈 근거로, 너무 많이 알고 있으면 수업 시간에 집중하지 않는다고 말합니다. 그건 선행 자체가 문제가 아니라 그 학생의 태도가 문제입니다.

선행이 독이라는 주장이 나오는 또 하나의 이유는 공정하고 평

등한 사회를 추구하는 분위기입니다. 선행을 독려하면 부자의 자식들에게 더 유리하다는 점을 염려하는 것입니다. 그런데 지금은 마음만 먹으면 핸드폰 하나만 가지고도 충분히 선행을 할 수 있는 시대입니다. EBS 고등학교 수업은 무료입니다. 비싼 사설 강의를 듣지 않아도 충분합니다. 경쟁에서 이기는 것이 쉽지 않을 뿐이지 누구나 경쟁의 대열에 쉽게 합류할 수 있습니다. 나름대로 공평한 세상입니다.

선행 자체가 독이 되는 경우는 거의 없습니다. 달리고 싶은 아이들은 달리게 해주세요. 달리지 못하는 경우는 어쩔 수 없습니다. 다른 방법을 찾아야지 한탄하며 보낼 수는 없습니다.

선행이 분명히 좋은 방법이지만 그렇다고 반드시 선행하는 학생이 승자가 되는 것은 아닙니다. 각자 나름의 방법이 있으니까요. 그건 스스로 찾아야 합니다.

하지만 선행을 할 수 있는 학생이라면 마음껏 달리게 하세요. 제가 지도한 특목고 학생 전교 1등부터 13등까지는 다 선행으로 달려왔던 아이들입니다. 세상은 원래 공평하지 않습니다. 누군가는 목표를 가지고 계속 달려왔기 때문입니다. 달리는 아이들을 막는 것은 오히려 역차별입니다. 역사학자 토인비는 "세상은 3%의 인간에 의해 혁신을 가져온다"라고 말했습니다. 저는 모두가 바보로 하향 평준화되는 것을 원치 않습니다. 물론 수학 1등이 꼭 성공자는 아닙니다. 그러므로 나쁘지 않은 선행을 굳이 깎아내리려서도 안 된다고 봅니다.

자, 이제 우리 이야기를 해봅시다. 내 아이가 선행을 달릴 수 있는 아이인지 아닌지 알려면 문제집이 아니라 한 학년 높은 교과서로 공부하게 해보세요. 연습 문제나 단원 마무리 문제를 풀게 하지 말고 교과서만 쭉 읽게 해주세요. 그런 다음 달릴 수 있는지 판단하면 됩니다.

S 선행은 마음이나 태도의 문제이지 재능이나 능력의 문제가 아닙니다. 선행을 달린 아이도 힘들지 않았던 것이 아니에요. 그 아이도 거기까지 도착하기 위해 놀지 않고 힘들게 달렸습니다. 단지 그 차이뿐입니다.

제21계명

심화와 선행을 적절히 섞어라

선행이 먼저냐? 심화가 먼저냐?

사실 이런 문제로 고민하는 학생은 일정 정도 훈련을 거친 학생입니다. 기본 과정을 다 마치고, 이제 심화로 나아갈지 선행으로 나아갈지 결정하는 기로에 선 학생입니다.

선행에 대한 다른 사람들의 의견부터 들어볼까요? 무리한 선행보다는 심화가 낫다고 말하는 사람들이 있습니다. 그런데 이 말은 어불성설입니다. 무리하다는 정도의 기준이 어디에 있나요? 일단 명확한 기준이 없기 때문에 이런 주장은 더 이상 논할 필요가 없어 보입니다. 선행을 한 학생들은 내용을 잘 알아들으니 좋다고 말하는 선생님들이 있습니다. 이건 선행의 장점이라기보다는 가르치는 입장에서 좋은 점을 말하는 것 같네요.

이제 제 의견을 말씀드리겠습니다. 저는 선행과 심화를 적절히 섞어야 한다고 생각합니다. 특목고를 진학하려면 중등부 심화와 함께 고등부 선행을 해야 합니다. 목표가 특목고라면 중등 과정의 심화가 필요합니다. 특목고에 합격하더라도 다시 경쟁을 해야 하기 때문에 많게는 수2까지 공부하고 진학하는 학생들이 흔합니다. 무지막지하지요? 경쟁에서 이기려면 어쩔 수 없습니다.

일반고로 진학하는 학생이라면 중등 심화는 필요 없습니다. 고등 수학 선행에 집중해야 합니다. 결국 고등학교에 들어가면 내신 경쟁을 해야 하니까요. 삭막하다느니 얄팍하다느니 하는 말은 패자들의 변명입니다. 승자가 된 학생들은 거의 대부분 이 전략에 충실했습니다.

어떤 학생은 학창 시절에는 공부만 해야 하느냐고 질문합니다. 네, 공부만 해야 합니다. 학생의 본분입니다. 공부를 위해 잠시 휴식하는 것은 괜찮지만 청춘을 공부에 쏟는 것이 아깝다고 하는 말은 패자들의 변명입니다. 학생이 가장 아름다울 때는 공부할 때입니다.

📗 선행을 할 것인지 심화를 할 것인지, 아니면 둘 다 병행할 것인지는 스스로 결정하면 됩니다. 목표가 세워졌다면 거기에 맞는 전략을 세우세요. 다른 사람 눈치는 보지 말고요.

제22계명

중학 수학과 고등 수학은 확실히 다르다

중학 수학과 고등 수학의 가장 큰 차이점은 시험 문제 출제 방식입니다. 중학교 수학 시험은 100점 맞는 것이 그렇게 어렵지 않습니다. 그렇다고 엄청 쉬운 것도 아닙니다. 고등학교 수학 시험은 평가 방식이 중학교와 달라 100점은 흔한 일이 아닙니다. 고등학교 시험은 확실히 어렵습니다.

그럼 중학교 수학 시험과 고등학교 수학 시험은 어떻게 다를까요? 중학교 수학 시험은 단일 문제 형식이라면 고등학교 수학 문제는 복합 문제 형식이라고 보면 됩니다. 즉, 중학 시험은 한 문제가 하나의 개념으로 이루어져 있다면 고등 시험은 한 문제에 여러 가지 개념이 복합적으로 섞여 있습니다. 시험 범위 내의 여러 개념을 섞어서 문제를 출제한다는 말입니다.

모의고사 문제를 보면 고등학교 문제 형식을 알 수 있습니다. 모의고사는 앞부분보다 뒷부분 문제들이 복합 문제 형식으로 출제됩니다. 이런 형식이 진정한 고등 수학의 문제 유형입니다. 고등학생 이전에 수학을 포기한 학생이라면 원인은 자신에게 있지만, 고등학생 시절에 수학을 포기한 학생이라면 수학에서 그 원인을 찾아도 될 정도입니다. 물론 포기했다는 사실 자체가 결코 자랑거리는 아닙니다.

중학 수학은 벼락치기가 어느 정도 가능합니다. 하지만 고등 수학은 더 이상 벼락치기가 통하지 않지요. 반드시 학습 목표와 계획을 세워 공부하면서 시험 문제 자체의 임계점을 넘겨야 합니다. 좀 더 자세히 말하면 자신의 수준에 맞는 문제집을 선택하면 백발백중 망한다는 뜻입니다. 시험 출제 난이도에 맞는 문제집 선택이 필요합니다.

중학 수학을 아마추어 수학이라고 부른다면 고등 수학은 프로 수학이라고 보면 됩니다. 프로의 세계에서는 상대를 봐주는 것이 없습니다. 냉정한 세계입니다. 내가 좀 열심히 했다고 해서 점수를 주는 게 아니라는 말입니다. 출제 문제의 난이도를 넘어서는 공부를 하지 않으면 단 1점도 받을 수 없습니다.

중등 수학과 고등 수학은 분량에서도 차이가 납니다. 고등학교의 학습량은 중학교 때와 비교도 되지 않을 만큼 많습니다. 심지어 시험 범위까지 공부를 마치지 못한 상태에서 시험을 보는 경우도 허다합니다.

🎓 그렇다면 고등학교에서는 어떻게 공부해야 할까요? 간단합니다. 하루도 쉬지 않고 공부하면 됩니다. 고득점자들에게 물어보면 수학 공부를 하는 데 하루에 3시간 이상 할애했다고 합니다.

제23계명

상급반이 있는 학원을 다녀라

수학 학원을 선택하는 방법에 대해 이야기해볼까요? 초등학생이라면 중학생이 있는 학원을 고르세요. 초등학생만 다니는 학원이라면 자상한 엄마표 수학 학원일 가능성이 큽니다. 초등학교 5학년이 되면 초등학교 4학년 수학이 쉬워 보이는 이치와 같습니다. 한 단계 위에서 보는 것이 좀 더 현명한 선택입니다.

중학생이라면 반드시 고등부가 있는 학원을 선택하세요. 이것은 선택 사항이 아니라 필수 사항입니다. 중학생만 있는 곳이라면 선생님은 실력자가 아닐 가능성이 큽니다. 수학의 꽃은 '미분'이듯이 학창 시절 수학의 꽃은 고등 수학입니다. 고등부 경험이 없는 선생님이 중학생을 가르치다 보면 옳지 않은 방법을 전수할 가능성이 큽니다.

중학교까지는 수업에서 재미와 편법적인 가르침이 통할 수 있습니다. 그래서 실력 미달인 선생님도 학생들의 인기를 누릴 수 있습니다. 하지만 중학 수학에서 잘못 배우면 고등학생이 되어 돌이킬 수 없는 습관이 생기기도 합니다.

그런 습관 중 하나는 모든 수학을 이해하려는 버릇입니다. 이런 태도는 어떻게 보면 중학교까지는 가능할지도 모릅니다. 그래서 중학 강사들이 모든 수학은 이해해야 한다고 말하는데, 진정 고3까지 가르쳐본 강사들은 그런 말을 함부로 할 수 없습니다. 선무당이 사람 잡는다고 했습니다. 그런 말은 하는 강사에게 수능 수학 문제를 풀게 해보세요. 수능 킬러 문제를 '이해'하려면 아마 한 달이 걸릴지도 모릅니다.

내 아이가 중학생이라면 반드시 고등부가 있는 학원을 선택하세요. 고등부 지도 경험이 있는 선생님에게 맡기는 것이 아이의 장래를 위해 중요합니다. 저도 중등부만 지도하는 공부방에서 온 학생들을 가르쳐보면 이상한 학습 태도와 습관 때문에 아이들과 큰 마찰이 일어납니다.

수학을 정복하려면 아이의 입맛에 안 맞더라도 바르게 배우는 것이 중요합니다. 요즘 많은 젊은 엄마들이 내 아이가 좋아하는 학원에 보낼 생각을 가지고 있습니다. 매우 좋지 않은 생각입니다. 다른 과목은 모르겠지만 수학만큼은 제발 아이의 입맛에 맞추지 마세요. 몸에 좋은 약은 쓰지만 몸에 나쁜 약은 달아요. 달달한 수학만 먹다 보면 나중에 고등학생이 되어 쓴맛을 보게 될 겁니다.

🎓 제대로 된 학원을 고르는 것은 쉽지 않습니다. 그래서 발품을 팔아야 합니다.

제24계명

수학은 계단식 과목이다

간혹 초등 수학과 중고등 수학이 통합되어 있다고 주장하는 선생님들이 있습니다. 아주 위험한 발상입니다. 학교 수학이 아주 대단한 무엇인 것처럼 통합적으로 배워야 한다고 주장합니다. 너무 거창하게 말해 학부모님들과 학생들의 기를 죽입니다. 마치 초등학교 때 수학 공부의 기회를 놓치면 인생이 영영 끝날 것처럼 이야기합니다.

하지만 그렇지 않습니다. 초등학교 때 기초를 쌓지 못한 학생도, 아니 중학교에서 기초를 쌓지 못한 학생이라도 유형별로 반복 학습을 시키면 수학의 구조를 따라잡고 성적도 오릅니다. 기초를 쌓는 것이 생각보다 어렵지 않습니다. 그냥 살짝 보면 이해가 되는 것이 기초입니다.

그런데 아이들이 자주 실수하는 이유는 기초가 부족해서가 아니라 의미 있는 훈련을 하지 않았기 때문입니다. 그리고 개념을 아무리 공부해도 중간 연결고리의 비약을 해결하지 못하면 수학은 어려워집니다. 개념이 탄탄해야 하는 것이 아니라 풀이 중간중간에 접착시킬 수 있는 연결고리에 대한 이해가 필요합니다.

예를 들어, 태권도에는 품새와 겨루기가 있지요. 품새를 정확히 잘한다고 해서 실전 겨루기를 잘한다는 보장은 없습니다. 마찬가지로 개념을 잘 이해하더라도 실제 문제 유형을 마음대로 해결하지 못할 수 있다는 말입니다. 그렇다면 반대로 해보세요. 유형을 풀면서 개념을 정립하는 것입니다. 그렇게 하면 나중에 시험에서 비슷한 유형의 문제가 출제되면 바로 풀 수 있습니다.

초등 수학과 중등 수학을 아무리 탄탄하게 했더라도 당장 고등 수학을 열심히 하지 않으면 성적이 나오지 않습니다. 고등 수학이 완성되어야 초등 수학과 중등 수학의 구조가 보입니다. 정상에 올라가야 산 밑을 훤히 내려다볼 수 있습니다. 아래에서 바라보는 것으로는 충분하지 않습니다.

예전에 한 고등학생이 자신은 기초가 없다면서 중학교 수학책을 가져와 기초를 잡겠다고 했습니다. 그래서 저는 그러지 말라고 했습니다. 이제 지난 것은 모두 잊어도 됩니다. 그냥 반복을 토대로 계속 문제를 익혀나가세요. 깊이 생각하지 않아도 됩니다. 모든 구조에 익숙해지면 수학의 구조가 뚜렷이 보이게 됩니다.

학교 수학이 뭐가 대단하다고 '계통'이니 '나선식'이니 하며 자신들도 이해하지 못하는 주장을 합니까? 요즘 수학책들은 정말 설명이 잘 되어 있습니다. 수학책만 충실히 공부해도 됩니다. 아이들에게 수포자의 핑계거리를 만들 만한 언어를 남발하지 마세요.

제25계명

자녀의 미래를 비전문가에 맡기지 말라

오늘날 전문 지식의 죽음을 보면서 안타깝다는 생각이 듭니다. 언제부턴가 사람들은 학교 수학 선생님들을 부정하기 시작했습니다. 그 틈을 인터넷 사설 강사들이 들어와 인기를 누리고 있으니 전문가로서 저는 안타까울 따름입니다. 진짜 문제는 인터넷 강사들이 자신의 무지를 부끄럽게 여기지 않는다는 것입니다. 배우는 아이들은 모릅니다. 무엇이 진짜고 가짜인지를….

지금 우리는 무언가 크게 잘못된 방향으로 나아가고 있습니다. 거짓 정보들이 무비판적으로 받아들여지고 있습니다. 요즘 일타 강사들이 하는 말을 한번 들어보세요. 우리 실정에 맞지 않는 말을 하는 사람들이 스타 강사가 되어 있습니다.

초등 수학 강사들은 더 심합니다. 아는 게 별로 없을뿐더러 잘

못 알고 있는 것을 가르치는 지경입니다. 하지만 수포자를 양산하는 우리 사회에서 그들을 제지할 길이 없는 것도 현실입니다. 요즘에는 아이가 잘못 쓴 답안도 맞았다고 우기기까지 하더군요.

나의 무지나 너의 지식이나 똑같이 존중받아야 민주주의가 실현된다고 믿는 경향이 있습니다. 개인적인 믿음은 어쩔 수 없지만 내 아이의 장래는 누가 책임집니까? 배우는 아이들은 무엇이 옳고 그른지 잘 모릅니다. 단지 재미나게 가르치는 것이 진짜 수학이라고 믿습니다. 자신을 수학의 입맛에 맞추는 것이 아니라 수학을 자신의 입맛에 맞춰야 한다고 생각합니다. 그러다가 수포자가 되는 것입니다.

전문가들이 이런 방법이 옳지 않다고 강하게 주장하면, 그것은 민주주의의 필수 조건인 대화를 질식시키는 행태라며 몰아붙이는 세상이 되었습니다. 교육을 하는 사람은 반드시 일평생 스스로 배움을 멈추지 않아야 합니다. 약간의 배움으로 돈벌이를 하는 사람에게는 큰 벌을 내렸으면 좋겠습니다.

어느새 가짜 전문가가 판치는 세상이 되었습니다. 특히 수학을 연구하지 않는 비전문가들의 말이 더 그럴듯하게 들립니다. 그들은 인기인이지 전문가가 아닙니다. 비전문가는 비전문가라는 이유로 실수에 대한 면죄부를 얻습니다.

물론 전문가들도 실수는 합니다. 한 분야에서 수많은 세월을 연구했기에 비전문가들이 하는 실수에 비하면 새 발의 피지만요. 그러나 전문가들의 실수는 크게 다루어집니다. 전문가이기 때문이지요. 그래서 전문가들은 더욱 신중히 아이들을 가르칩니다.

S 내 자녀의 미래를 어떻게 비전문가에게 맡기나요? 정말 아찔합니다. 자녀를 사랑한다면 자녀의 미래를 비전문가에게 맡기지 마세요.

제2, 제3의 희영이가
나오지 않길 바라며

희영이 어머님께

제가 봐도 희영이는 머리가 똑똑한 것 같았어요. 하지만 결국 희영이는 바라는 대학을 갔나요? 수학은 우리 학생들이 바라는 대학을 가기 위한 하나의 도구 그 이상도 이하도 아닙니다. 사교육자들이 수학이 대단한 것인 양 떠들어대는데 이는 자신들의 영리를 추구하기 위한 마케팅일 뿐입니다.

희영이의 바람이 이루어지지 못한 결정적인 원인은 제가 저의 소신을 관철시키지 못한 불찰과 어머님의 지나친 편견이었어요. 어머님의 역할은 희영이가 학년이 올라갈수록 그림자처럼 지켜보면서 아이가 지치고 힘들 때 어루만져주는 것입니다. 하지만 잘 모르고 간섭하거나 강요하는 바람에 위험한 결과를 낳았습니다. 어머니께서는 희영이를 초등 과정까지는 봐줄 수 있었지만, 미적분이나 기하 벡터를 가르쳐줄 수는 없었습니다. 끝까지 봐줄 수 없다면 그림자의 역할로 물러나서 햇볕처럼 희영이를 감싸주셔야 했습니다. 그런데 어머니는 희영이가 성장해가는데도 여전히 품 안에서 콘트롤하려고 했지요. 그래서 안 좋은 결과를 가져온 것입니다.

저는 이제 학원 일을 하지 않습니다. 비겁하지만 이렇게 은퇴한 후 저의 소신을 밝힐 수 있게 되었습니다. 수학은 천재적 두뇌로 이루어내는 것이 아닙니다. 특히나 학교 수학은 더욱 그렇습니다. 희영이 어머니는 좋다는 방법은 다 시켜보려고 했지만 그건 학교 수학과 너무 동떨어진 학습법이었습니다. 저는 그 방법이 옳지 않다는 것을 알고 있었지만, 당시에서는 뭐라 반박할 수가 없었습니다. 당시 사회 분위기도 그랬지만 (지금도 잘못된 수학 학습법이 여전하더군요) 학부모님의 의견을 고치고 이길 수 있는 사설 교육자가 몇 명이나 될까요? 특히 희영이처럼 똑똑한 학생의 학부모님 말씀을 거스르는 것은 여간 힘든 일이 아니었지요.

그때 어머님이 희영이의 머리를 믿고 궤도에서 벗어나는 정체 불명의 수학을 너무 많이 시키셨습니다. 희영이 어머니의 마음은 잘 알겠지만 수학 공부는 단계가 있고 정도가 있습니다. 결국 희영이의 지친 마음과 몸이 오히려 나쁜 결과를 낳은 것이지요.

제가 희영이의 다른 학원 과제를 봐주지 않고 제 소신껏 지도하다가 발각(?)되는 바람에 희영이는 우리 학원에서 떠나야 했습니다. 이후 희영이의 안타까운 소식을 듣게 되었습니다. 그 후 7년이 지나고 저는 이렇게 수학 학습법에 관한 책을 남깁니다.

부디 제2, 제3의 희영이가 나오지 않았으면 하는 마음에 이 책에 제 소신과 마음을 진심으로 털어놓았습니다. 물론 적들이 생길 각오로 쓴 책입니다. 선무당이 사람 잡는 교육 풍토는 사라졌으면 합니다.

수학에 흥미를 불러일으킬 추천 도서

대상	추천 도서
초등학생	• 수학이 수군수군 시리즈 • 101가지 초등 수학 질문 사전 • 세상을 바꾼 수학자 20인의 특별한 편지 • 빠르게 보는 수학의 역사 • 그래서 이런 수학이 생겼대요
중학생	• 재밌어서 밤새 읽는 수학 이야기 • 우리 역사 속 수학 이야기 • 교과서를 만든 수학자들 • EBS 중학 수학 사전 • 잡아라 초6 골든타임: 예비 중학 수학 • 수학의 역사
고등학생	• 수학자들이 들려주는 수학 이야기 시리즈 • 세상에서 가장 재미있는 통계학 • 미르카, 수학에 빠지다

수학의 추월차선

수학 때문에 미쳐버릴 것 같은 엄마들에게

초판 1쇄 펴낸날 2023년 6월 20일
초판 2쇄 펴낸날 2023년 7월 10일

지은이 김승태
펴낸이 서상미
펴낸곳 책이라는신화

기획이사 배경진 권해진
책임편집 박일귀
표지 디자인 studio forb **본문 디자인** 노승우
홍보 문수정 오수란
관리 이연희

출판등록 2021년 12월 22일(제2021-000188호)
주소 경기도 파주시 문발로 119, 306호(문발동)
전화 031-955-2024 **팩스** 031-955-2025
블로그 blog.naver.com/chaegira_22
포스트 post.naver.com/chaegira_22
인스타그램 @chaegira_22
유튜브 책이라는신화 채널
전자우편 chaegira_22@naver.com

© 김승태, 2023
ISBN 979-11-982687-3-0 03370